Frédéric Pagès

Frühstück bei Sokrates

Philosophen ganz privat

Aus dem Französischen von
Christel Kauder

Deutscher Taschenbuch Verlag

Ungekürzte Ausgabe
April 1997
Deutscher Taschenbuch Verlag GmbH & Co. KG, München

Titel der französischen Originalausgabe:
Le philosophe sort à cinq heures
Editions François Bourin, 1993

Unter dem Titel: Frühstück bei Sokrates.
Philosophie als Lebenskunst
ISBN 3-89151-215-5
Umschlagkonzept: Balk & Brumshagen
Umschlagfoto: © MAURITIUS
Satz: Rio Verlag, Zürich
Druck und Bindung: C. H. Beck'sche Buchdruckerei, Nördlingen
Gedruckt auf säurefreiem, chlorfrei gebleichtem Papier
Printed in Germany · ISBN 3-423-20040-5

Inhalt

I	Letzte Tage	9
II	Kants Diener	23
III	Sokrates, der Kollaborateur	31
IV	Preußischer Stil	35
V	Descartes, ein schlechter Franzose	43
VI	Philosophen, die Ausweise bitte!	49
VII	Das Zeitalter der Gastmähler	63
VIII	Der Mittagsdämon	69
IX	Bachelards Tränen	79
X	Kritik der sauberen Vernunft	89
XI	Große Seele, kleines Gemächt	95
XII	Hobbes' Spazierstock	101
XIII	Die Wanne des Aristoteles	105
XIV	Eine Gattung von Illuminaten	109
XV	Heloise und Abélard	121
XVI	Sartre, Simone, Jenny und die anderen	129
XVII	Über die lebendige Sprache	155
XVIII	Ein begrenztes Publikum	167
XIX	Das Büchergrab	173

Philosophen sind aus Fleisch und Blut. Sie haben Haut und auch Haare, die sie wachsen lassen oder abrasieren, je nachdem. Bei den griechischen Kynikern liebte man die Mähne struppig bis löwenartig, während sich fünf Jahrhunderte später die jungen Stoiker in der Umgebung des Kaisers Mark Aurel an ihrem rasierten Schädel erkannten.

Ich will hier keinen Zusammenhang zwischen der Stärke des Haarwuchses und der Kraft der Ideen herstellen. Wenn man weiß, daß Kant einer der letzten Philosophen war, die Perücke trugen, hilft das nicht sehr beim Verständnis der Kritik der reinen Vernunft.

Ich stelle lediglich fest, daß bis jetzt viel von Ideen, wenig von Haaren die Rede war.

Da klafft eine Lücke.

Denn Philosophie ist zwar auch eine Sammlung auf Papier verewigter Gedanken, aber in erster Linie eine Art zu leben, zu essen, zu trinken, beisammen zu sein, sich zu lieben, auf der Welt zu sein oder ihr zu entfliehen. Diese Definition, die in der Antike sehr geläufig war, haben wir aus den Augen verloren.

Denken? Ja, einverstanden ... Aber wie? In welcher Haltung? Stehend? Sitzend? Oben auf einer Kanzel? Im Schatten einer Säule? Rund um eine Festtafel? Gehend?

Das alles ist Stoff für Anekdoten, pralle, runde, saftige Anekdoten, wie man sie in Hülle und Fülle in den Büchern über Leben und Meinungen berühmter Philosophen *findet, die Diogenes Laertios zu Beginn des 3. Jahrhunderts schrieb und die heute zu selten gelesen werden.*

Anekdoten - ausgerechnet in der Philosophie ...

I
Letzte Tage

1.

Diogenes Laertios kümmerte sich nicht groß um die historische Wahrheit. Aber er war ehrlich und präzisierte stets: »*Man erzählt*, Diogenes sei gestorben, als er einen Kraken verschlang«, »*manche behaupten*, Empedokles habe sich in den Krater des Ätna gestürzt und man habe von ihm nur eine Bronzesandale wiedergefunden« ...

Laertios selbst hätte dafür nie seine Hand ins Feuer gelegt. Aber wichtig ist, daß hinter jedem Denker eine Persönlichkeit auftaucht. Kein Gedanke ohne den Menschen, keine Theorie ohne Fleisch und ohne Knochen! Charaktere sind gefragt. Wenn unser kleiner Berichterstatter übrigens eine Lehrmeinung veranschaulichen will, versetzt er sich häufig in den Menschen und seine Gewohnheiten: »Man kann jeden pyrrhonisch nennen, der von Charakter und Lebensweise her Pyrrhon gleicht.«

Man könnte, man sollte die gesamte Geschichte der Philosophie nach Art des Diogenes Laertios umschreiben. Dabei käme für Sartre ungefähr folgendes heraus:

2.

»Jean-Paul Sartre, Sohn von Jean-Baptiste Sartre und Anne-Marie Schweitzer, geboren 1905 in Paris. Er schielte und war der einzige Sohn. Es heißt, er habe stets dicke Geldscheinbündel mit sich herumgetragen. 1928 begegnete er Simone de Beauvoir. Doch wird berichtet, er habe viele weitere Geliebte gehabt, obwohl er klein und häßlich war. Seine Mutter nannte ihn Poulou.

Einmal stieg er vor einem Fabriktor auf einen Kanister, um vor den Arbeitern eine Rede zu halten. Ein andermal lehnte er den Nobelpreis ab. Seine *Akme* erlebte er zur Zeit der Olympischen Spiele in Melbourne*. Er glaubte, das Dasein gehe dem Sein voraus. Aber er drückte sich manchmal unklar aus, wenn er zum Beispiel sagte: ›Das Schleimige ist die Revanche des Ansichseins.‹«

3.

Der Tod gehört zum Werk eines Denkers. Er ist das letzte Kapitel seines letzten Buchs. Er hat kein Recht, ihn zu versäumen oder uns zu enttäuschen. Man erwartet Stil von ihm, Klasse und sogar, falls er an diesem Tag gut aufgelegt ist, ein Bonmot, einen Scherz, eine Pointe.

4.

Heraklit von Ephesos stand in dem Ruf, stolz und herablassend zu sein. Er mißtraute dem Erfolg und dem breiten Publikum. Um sicherzugehen, daß ihn nur die Elite verstand, schrieb

* *Akme*: Das Blütenstadium im Leben eines Menschen. Für die Griechen war dieser Abschnitt wichtiger als der Geburts- und Todestag.
Die *Olympischen Spiele in Melbourne* fanden im Jahr 1956 statt.

er sehr dunkle Aphorismen, zum Beispiel: »Die Zeit ist ein Kind, das spielt und Steine verschiebt.«

»Der Dunkle«, wie man ihn nannte, wurde krank. Die Ärzte der griechischen Stadt Ephesos, in der er lebte, diagnostizierten Wassersucht. Heraklit erkundigte sich, ob sie in der Lage seien, das Wasser durch Druck auf den Bauch auszuschwemmen. Das verneinten sie. Aber der Dunkle war hartnäckig. Er glaubte nicht an die Heilmittel der Ärzte, er hatte da seine eigene Vorstellung ... Er legte sich in die Sonne und wies Kinder an, ihn ganz mit Kuhfladen zu bedecken. Er dachte, die Exkremente könnten wie ein Schwamm das Wasser in seinem Körper aufsaugen. So von unschuldigen Händen einbalsamiert, verharrte er zwei Tage in seiner Kuhfladenpakkung. Dann starb er.

Über diesen Tod, der so manchen Gerichtsmediziner in Erstaunen versetzen könnte, gibt uns ein Mann namens Neanthes aus Kyzikos einige Erläuterungen. Heraklit wollte sich von den Fladen befreien, aber es gelang ihm nicht. Sie waren getrocknet und schlossen ihn ein. Hunde näherten sich dieser merkwürdigen Mumie, die noch ein wenig nach frischem Fleisch roch, und fraßen sie auf.

5.

Sokrates sitzt im Gefängnis, umgeben von einem guten Dutzend seiner Freunde. Er verabschiedet sich von ihnen, weil er zum Tode verurteilt worden ist. Seine Frau Xanthippe kommt, in Tränen aufgelöst. Unter dem Vorwand, sie mache beim Weinen zuviel Lärm – denn sie weint nach Art der südländischen Frauen, mit Schreien, Schluchzern, Klagen, die Arme zum Himmel gereckt –, weist Sokrates sie barsch ab, ohne eine zärtliche Geste, ohne ein freundliches Wort und ohne eine Träne zu vergießen. Er, der Weise, »der beste aller Männer« nach Platon, er stirbt, wie man sich von seinem Leben als Knabe verabschiedet: im Kreise von Männern. Als die Sonne hinter dem Berg Hymettos verschwunden ist, trifft der Überbringer des Giftes ein und erklärt dem Todeskandidaten – so will es der Brauch –, wie man das Gift einnimmt, um auf angenehme Weise zu sterben: Man leert den Schierlingsbecher, geht im Zimmer auf und ab, bis man merkt, daß die Beine schwer werden. Dann legt man sich hin und läßt das Gift wirken. Ein sanfter Tod, weil Schierling zugleich giftig und beruhigend ist …

Vor dem Trunk hätte der Verurteilte nach athenischer Sitte das Recht, ein letztes Mal die Freuden des Fleisches zu genießen. Aber Sokrates nimmt diese allerletzte Gunst nicht an, er leert den Becher, er stirbt, seine Freunde weinen.

6.

Athen hat ihn verurteilt, weil er »die Jugend verdorben und unbekannte Gottheiten verehrt« habe. Sokrates akzeptiert den Spruch, obwohl er ihn für ungerecht hält. Er stirbt ruhig und gelassen.

Ein bewundernswerter Tod? Nein! Das Heiligenbild trägt die Unterschrift seines Schülers Platon, der diesen letzten Augenblicken nicht einmal beigewohnt hat. Eine Erbauungsgeschichte für die Jugend und für Naive … Wer beweist uns, daß es Sokrates weder nach Frau noch Beischlaf, weder nach gutgebauter Hetäre noch grazilem Epheben verlangte? Diese allerletzte Gunst soll Sokrates nicht in Anspruch genommen haben? Ausgetrocknet wie ein alter Olivenbaum … Ausgerechnet er, der gesagt hat »Philosophieren heißt Sterben lernen«, hätte also nicht zu sterben verstanden.

Und mit dieser offiziellen Version seines Todes beginnt im allgemeinen der Philosophieunterricht am Gymnasium … Mit einem Leichnam! Was für eine Einführung! Ein fröhlicher Schulanfang!

7.

Seneca wurde wegen angeblicher Teilnahme an einer Verschwörung von Kaiser Nero zum Selbstmord genötigt. Dieser steinreiche Philosoph, der in sämtliche politischen Intrigen seiner Zeit verwickelt war, hatte erhebliche Mühe, so zu sterben, wie er es beschlossen hatte. Denn er wollte einen schönen, gelungenen Tod, einen Philosophentod mit Requisiten und Dialogen. Wie Sokrates oder gar nicht! Aber seine Inszenierung ging daneben ... Es fehlte ein guter Regisseur. Zunächst die Requisiten: Er trug stets eine Giftphiole bei sich, eine Art Sofortbehelf für Eilselbstmord. Schierling natürlich, das griechische Gift, das Sokrates-Gift. Sobald die Gesandten Neros mit dem Selbstmordbefehl eintreffen, folgt Seneca dem Drehbuch, das er sich zurechtgelegt hat: er plaudert mit seinen Freunden und dem Personal seines Hauses. Um sich stärker mit der Figur zu identifizieren, läßt er sich sodann *Phaidon* vorlesen, jenen Dialog, in dem Platon die Unsterblichkeit der Seele erläutert. Und zum Abschluß dieser grandiosen Szene läßt er sich schließlich den tödlichen Becher bringen. Pech für ihn! Der Schierling hat zu lange gelagert und seine Wirkung verloren. Es gelingt Seneca nicht, sich zu vergiften. Er bittet darum, ihm die Adern zu öffnen. Seine Frau Paulina erbittet dasselbe für sich, um ihren Mann bis zum Ende zu begleiten. Aus eigenem Antrieb? Mit dem gleichen philosophischen Elan? Oder wird ihrem Handgelenk ein wenig Gewalt angetan? Sicher ist, daß das Blut nicht rasch genug läuft. Der Tod stellt sich nicht ein, nicht für Seneca, nicht für sie. Die arme Paulina leidet und stöhnt. Immer noch sehr sokratisch besteht Seneca darauf, daß diese der Philosophie unwürdige Frau fortgeschafft wird. Dann verlegt er sich aufs Improvisieren und bittet darum, in ein siedend heißes Schwitzbad gebracht zu werden, damit der Herzstillstand eintritt. Dort spürt er endlich, daß der Tod naht. Aber das Pech verfolgt ihn bis zum Ende – es gibt wahrhaftig Tage, an denen man besser nicht versucht, sich umzubringen –, die höchsten Weihen bleiben ihm versagt. Seine letzten Worte sind der Nachwelt nicht überliefert. Er hat sie durchaus formuliert, vor Zeugen, aber die Tafel ging verloren, und so fielen sie dem Vergessen anheim.

8.

La Mettrie, mit richtigem Namen Julien Offray de La Mettrie, gehörte nicht zu den Menschen, die Selbstmord begehen. Er starb am 11. November 1751 an einer Magenverstimmung, die er sich durch eine verdorbene Pastete an der Tafel Friedrichs II. zugezogen hatte. Er war ein fröhlicher Gast, dessen Verstand und Heiterkeit seinen Beschützer, den König, bezauberten. Er war nach Berlin geflüchtet, weil er es gewagt hatte, die französischen Ärzte zu kritisieren. Man kann sich den Triumph seiner Feinde vorstellen, als sie von seinem Tod erfuhren: Der gerechte Zorn Gottes war auf einen verstockten Materialisten niedergefahren, hatte die Strafe verhängt über den Teil, mit dem er gesündigt hatte, den Mund! Dieser Schlemmer, dieser gefräßige, blasphemische Schwätzer ... Davon abgesehen weiß man nicht, weshalb La Mettrie als einziger Gast an diesem verdorbenen Fleisch starb ... Er, der es wagte, den menschlichen Körper als eine Maschine darzustellen – das ist übrigens der Titel seines berühmtesten Buchs, *Der Mensch als Maschine* –, hatte offensichtlich nicht vorausgesehen, daß diese so vollendete Mechanik eines Tages von einem einzigen Stück Pastete, einem verhängnisvollen Fleischklumpen, blockiert werden könnte.

9.

Der Philosoph Jules Lequier (1814–1862) ist in Vergessenheit geraten, obwohl er mit seinem Selbstmord, der weitaus weniger spektakulär als der des Sokrates war, eigentlich einen Platz in der Geschichte der Philosophie verdient hätte. Am 11. Februar 1862 legte er seine Kleidung zusammen und deponierte sie am Sandstrand des Ozeans in Plérin, Departement Les Côtes-du-Nord.

Es gehörte durchaus zu seinen Gewohnheiten, sich mitten im Winter zu entkleiden, sich nackt in der Kälte am Strand niederzuhocken und seinen Oberkörper mit dem eisigen Wasser zu benetzen, um das »Brennen in seiner Brust«, wie er es nannte, zu lindern.

Jules Lequier war sehr unglücklich. Alles war ihm mißlungen. Als Schüler der *Ecole polytechnique* wurde er wegen seiner republikanischen Haltung nicht zur Abschlußprüfung zugelassen, er scheiterte bei den Parlamentswahlen von 1848. Seine Bücher hatten keinen Erfolg. Er scheiterte auch in der Liebe: seine Jugendfreundin Anne Deszille weigerte sich konstant, ihn zu heiraten. In seinem Haus in Plérin widmete er sich der Philosophie und vergrub sich in der Einsamkeit.

An diesem 11. Februar 1862 blieb er jedoch nicht nackt auf festem Boden hocken, sondern sprang ins Wasser. Als guter Schwimmer wurde er rasch ein kleiner schwarzer Punkt zwischen den Wellen, dann verschwand er. Am Abend bei Ebbe fand man seine Leiche.

10.

Im Mai 1592 findet sich Giordano Bruno, ein ehemaliger Dominikaner, der an europäischen Fürsten- und Königshäusern eine vom Vatikan nicht anerkannte »ägyptische Religion« verbreitet, in den venezianischen Bleikammern wieder, eingesperrt in eine der vier Zellen, die für die Inquisition reserviert waren. Seine Gefangenschaft dauert acht Jahre. Warum dieser Mord auf Raten? Weil Kardinal Robert Bellarmin ihn unbedingt zum Abschwören bewegen will. Töten ist einfach, auf die Selbstkritik kommt es an. Daher dieser erstaunliche Prozeß, in dessen Verlauf das Papsttum mit aller Macht verhindern will, daß sich Bruno auf den angedrohten Scheiterhaufen stürzt! Eine ganze Mannschaft ist mit seinem Fall beschäftigt. Sieben Priester aus vier verschiedenen Orden suchen ihm das Geständnis zu entreißen, er glaube an die »Prä-Adamiten«, jene Kreaturen, die vor Adam gelebt haben sollen. Man verhört ihn zur wahren Form von Jesu Kreuz: ein Antoniuskreuz, wie ein Galgen *(crux commissa)*, oder ein ägyptisches Kreuz mit vier gleichlangen Balken *(crux immissa)*? Die Unendlichkeit der Welt, die These, an die man sich heute bei der Erwähnung Brunos erinnert, ist in diesem Fall nur ein Punkt unter den acht Hauptbeschuldigungen gegen ihn. Nicht der einzige und nicht der wesentliche im Gegensatz zu der Legende, die aus Bruno einen Märtyrer der modernen Naturwissenschaft machen will. Sicher ist, daß er auf den rechten Weg des Dogmas zurückkehren soll. Man bringt ihm Papier, eine Schreibfeder und Augengläser. Der Neapolitaner (er stammt aus Nola am Fuß des Vesuv) setzt einen Widerruf auf ..., um ihn schließlich zu dementieren. Daraufhin wird er von der Inquisition als »unbeugsam, unbußfertig, starrsinnig« bezeichnet. Das ist das Todesurteil.

Zum Heiligen Jahr des Papstes wurde Bruno in das Festtagsprogramm aufgenommen. Clemens VIII. ordnete eine sorgfältige Inszenierung an. Großes Spektakel! Blut! Spezialeffekte! Auf dem Campo dei Fiori in Rom wurde Bruno am 17. Februar 1600 nackt an einen Pfahl auf einem Scheiterhaufen gebunden und bei lebendigem Leibe verbrannt, während die Mönche der Compania di San Giovanni ununterbrochen Litaneien für das Heil seiner Seele sangen.

11.

Abbé de Tersac, Pfarrer von Saint-Sulpice, wartete gespannt auf Diderots Tod. Er erhoffte sich eine Rückkehr zur Religion, eine gutchristliche Agonie, anständige Gewissensbisse, vor Zeugen ausgesprochen von diesem verlorenen Schaf – und was für einem Schaf, dem Anführer der philosophischen Partei höchstpersönlich! Als er erfuhr, daß die Gesundheit des damals 71 Jahre alten Diderot schwächer wurde, machte sich der Pfarrer an ihn heran. Er empfahl dem Kranken wenn schon keine Konversion, so doch wenigstens eine Abkehr von seinen antireligiösen Werken. Angélique und »Toinette« Diderot, seine Tochter und seine Frau, verfolgten seine Machenschaften und witterten die Gefahr. Sie beschlossen, aus der Rue Taranne in eine Wohnung in der Rue de Richelieu umzuziehen. Ein Wechsel des Viertels verhieß den Wechsel der Gemeinde und damit Erlösung von Abbé de Tersac und seinem Tauschgeschäft: eine schöne Beichte des Philosophen gegen eine christliche Bestattung. Grausame Erpressung, denn wer nicht kirchlich beerdigt wurde, landete auf einem Armenfriedhof. Ein Hundetod ... Es war Zeit, in die Rue de Richelieu umzuziehen.

Am 31. Juli 1784 gegen Mittag starb Diderot. Er saß bei Tisch. Kein Totenbett, kein Abbé, keine Konversion.

Der Pfarrer der Gemeinde Saint-Roch zeigte sich verständnisvoller und gestattete eine christliche Beerdigung. Zwar hatte Diderots Tochter etwa eintausendfünfhundert Livres für die Bestattung bezahlt – ein hübsches Sümmchen –, aber die Alternative bestand nur im Massengrab.

12.

Charles de Secondat, Baron de Montesquieu und de la Brède, Lehnsherr von Raymond, Goulard, Bisqueytan und anderen

Orten, starb am 10. Februar 1755 auf allerchristlichste Weise. Wahrscheinlich ... Denn die Zeugen seiner letzten Momente sind sich nicht einig. Sein italienischer Freund Abbé du Guasco hat behauptet, die Jesuiten hätten den Philosophen (Opfer einer Lungeninfektion) schamlos belagert, um einen Widerruf zu erhalten. Die Frage lautet also: Hat sich Montesquieu gegenüber der Kirche von seinen kritischen Schriften losgesagt (*Vom Geist der Gesetze* war auf den Index gesetzt worden)? An diesem Totenbett fand ein letzter Kampf statt, den all seine Angehörigen aufmerksam und beunruhigt verfolgten.

Die Antwort ist, daß Montesquieu nicht so starb wie Diderot. Nach Aussage des Herzogs de Luynes hat er ordnungsgemäß gebeichtet, die Kommunion empfangen und öffentlich seinen Respekt vor Religion und Ethik des Evangeliums bezeugt. (»Sollte man etwas Tadelnswertes in seinen Schriften entdecken, so widerrief er es vollständig.«) Die befreundeten »Philosophen« hatten also Grund zur Beunruhigung. Die Jesuiten hatten sich als die Stärkeren erwiesen.

13.

Descartes starb am 11. Februar 1650 in Stockholm an der Kälte. Ein ungewöhnlich strenger Winter: die Ostsee zugefroren, die Straßen ebenfalls, unmöglich, Schweden vor dem Frühjahr zu verlassen ... Descartes sitzt fest, ein Gefangener des Klimas. Er schlottert, er langweilt sich. »Die Gedanken der Menschen gefrieren ebenso wie das Wasser«, schreibt er an einen Freund. In die Falle gelockt hat ihn Königin Christine von Schweden, die mit Leidenschaft schöne Literatur verschlingt und schon morgens um fünf Uhr Philosophieunterricht verlangt. Descartes, ein Mann, der gern bis in den Tag hinein schläft, wird von der Kälte überrascht.

Er, der doch die Nebelschwaden des Nordens liebte, der sich

freiwillig in Holland niederließ und als Soldat lange Wintermonate in Mitteleuropa verbrachte, der das heiße, sonnige Italien verabscheute – ausgerechnet er erliegt der Kälte. Schuld sind seine Lungen, sein schwacher Punkt (er kam schmächtig zur Welt, mit »einer Lungenschwäche«). Der Zugvogel gefangen in den Klauen des Frosts. Ein zu kleiner Tod für ein so großes Leben.

14.

Um ihn nach Stockholm zu bewegen, hatte Christine ein Schiff nach Holland geschickt, dessen Kommandant den Rang eines Admirals hatte. Solch schweres Geschütz war notwendig, weil Descartes zögerte und sich seit Jahren taub stellte. Was in diesem Sommer 1649 erfolgt, ist keine Einladung mehr, sondern eine Dienstverpflichtung. Ein Admiral für einen Philosophen! Eine Weigerung hätte sich zu einem diplomatischen Zwischenfall entwickeln können. Am 31. August geht Descartes widerwillig an Bord. Was kann der bescheidene Ritter dem Wunsch einer schwedischen Königin, eines mächtigen Königreichs entgegensetzen? Also findet sich Descartes in den Kleidern eines Höflings in Stockholm wieder. Weil er Verse stets geliebt hat, schreibt er das Libretto für ein Ballett zu Ehren Christines, die ihn bald darauf bittet, den Entwurf für eine schwedische Akademie nach dem Vorbild der *Académie française* aufzusetzen. Descartes kann sich nicht mehr frei bewegen. Er gesteht, daß ihn soviel Müßiggang ermüde … Vom Nichtstun ermüden, so etwas nennt man Depression.

Er erkältet sich, muß fieberglühend das Bett hüten und lehnt den Aderlaß ab, wie er ihn seit vierzig Jahren stets abgelehnt hat. Den menschlichen Körper hat er sein Leben lang studiert, über Heilmittel hat er seine eigenen Vorstellungen. Solange er die Kraft aufbringt, kommt er ohne die Ärzte aus … Am siebten Tag weiß er, daß er nichts mehr zu verlieren hat, er gibt nach und verlangt nach der Lanzette des Chirurgen. Er wird zur Ader gelassen. Am elften Tag erliegt er seiner Krankheit.

15.

Kant lebte bis zum Alter von achtzig Jahren. Sein Ziel war erreicht: die Menschen seiner Altersklasse einen nach dem anderen sterben zu sehen. Er hatte es geschrieben und verkündet: er wollte als letzter übrigbleiben. Je älter er wurde, desto mehr interessierten sich seine Zeitgenossen für seine Gesundheit, wie ein Publikum, das dem Versuch beiwohnt, einen sportlichen Rekord aufzustellen. Seine letzten Tage wurden mit peinlicher Sorgfalt aufgezeichnet. Pech für die Anhänger heldenhafter Gesten. Denn sein Verfall vollzieht sich bemerkenswert banal. Er vergißt sich, er phantasiert usw. Man erwartet Sokrates und begegnet einem senilen Greis. 1801 beginnt Kant mit der Niederschrift dessen, was er das Hauptwerk seines Lebens nennt. Es handelt sich um Notizen. Nach einem Zitat über Gott, die Welt und den Menschen als Besitzer der Welt, findet man: »Mittwoch: Schweinefleisch mit Erbsen. Donnerstag: Trockenobst mit Pudding. Außerdem Göttinger Wurst von Nicolovius.« In seinen letzten Briefen an einen Korrespondenten namens Kiesewetter spricht er nur von Rüben. Am 12. Februar 1804 stirbt Kant, wie er gelebt hatte: pünktlich. Ein Zeuge erzählt, daß die Wanduhr elf schlug, als sein Puls erlosch.

16.

Am 8. Januar 1889 wirft sich Nietzsche schluchzend an den Hals eines Pferdes, das vom Kutscher geschlagen worden war. Passanten führen ihn zurück in seine Familienpension. Seit einiger Zeit benahm sich dieser sehr korrekte deutsche Professor seltsam, lachte allein vor sich hin und tanzte auf der Straße, behauptete, »der Gekreuzigte«, »Dionysos«, »der Antichrist« oder »der Sohn des Kaisers« zu sein. In seinem Zimmer hämmert er grölend auf die Tasten seines Pianos ein. Ein Arzt findet die Lösung, ihn zu beruhigen: er gibt ihm recht, sagt, er sei tatsächlich ein Fürst, den die Menge der Untertanen auf dem Bahnhof von Basel erwarte, und er müsse hinfahren, um seine Bewunderer zu begrüßen. Nietzsche ist entzückt. Endlich einer, der ihn versteht! Er willigt ein, Turin zu verlassen, und steigt ruhig in den Zug nach Basel.

17.

In einer Jenaer Klinik interniert, verlangt Nietzsche nach Frauen. Inzwischen behauptet er, der Mann der Musikergattin Cosima Wagner zu sein, in die er heimlich verliebt war. Die Gefühle explodieren wie ein Vulkan ... Dann bessert sich sein Zustand. Seine Angehörigen haben sogar gelegentlich den Eindruck, er gesunde, so sehr »normalisiert« sich sein Verhalten: ein deutscher Kleinbürger, der mit seiner Mutter lange Spaziergänge unternimmt und auf dem Piano im Salon spielt und improvisiert. Ein braver Sohn, ein braver Bürger ... Er redet nicht mehr vom Übermenschen, von der Verkehrung der Werte in ihr Gegenteil, der ewigen Wiederkehr usw. Die Philosophie, diese große Strapaze, ist abgehakt.

Dann kommt der Rückfall, der sich über zehn Jahre bis zur vollständigen Umnachtung hinzieht. Mutter und Schwester kümmern sich um ihn. Manchmal nimmt er ein Buch zur Hand, versucht, es zu lesen. Seine Stimme bellt und dröhnt. Er liest die Seitenzahl, die erste Zeile, dann die nächste und so fort. Am 25. August 1900 stirbt er im Alter von 56 Jahren. Christliches Begräbnis, akademische Reden, Lobeshymnen aus dem Mund von Würdenträgern: das genaue Gegenteil seiner Überzeugungen.

18.

Woran war er erkrankt? Die Diagnose ist bis heute mysteriös. Um die Hypothese einer Syphilisinfektion zu dementieren, nannte seine Schwester Elisabeth Förster ein Schlafmittel mit dem Namen Chloral, dann ein »javanisches Beruhigungsmittel« usw. Sie nahm alles in die Hand. Sie wählte die Manuskripte aus, ließ Bücher veröffentlichen, die Nietzsche nie geschrieben hatte (*Der Wille zur Macht*), die aber die nazistischen Thesen der Zeit bekräftigten. Ihre Hartnäckigkeit, ihre Skrupellosigkeit wirkten Wunder: Die Bücher Nietzsches verkauften sich so gut, daß Elisabeth mit den Autorenrechten sehr bald ein Vermögen machte. Schon wenige Monate nach seinem Anfall in Turin war Nietzsche berühmt, als ob sein Wahnsinn das Signal zum Erfolg gegeben hätte. Europa riß sich plötzlich um die auf Kosten des Autors herausgegebenen Bücher. Ein monströses Publikum, das Leichen frißt ... Ein guter Philosoph ist ein toter Philosoph. Stirbt er verrückt, ist er noch genialer ...

19.

In ihrem prachtvollen Haus in Weimar empfängt Elisabeth das kultivierte Deutschland. Einige Privilegierte dürfen in die erste Etage hinaufgehen und für wenige Augenblicke den Philosophen betrachten, der mit einer weißen Tunika bekleidet leeren Blicks erschöpft tief in einem Sessel sitzt und niemanden mehr erkennt. Nach dessen Tod trifft im Jahre 1934 eines schönen Tages Reichskanzler Hitler höchstpersönlich mit großer Eskorte ein. Die höchste Auszeichnung für Elisabeth ... Hitler, der Mann, den sie nach ihrem Bruder am meisten verehrt!

II
Kants Diener

1.

Kant hatte einen Hausdiener namens Lampe. Um fünf vor fünf morgens kam dieser ehemalige Soldat sommers wie winters in Kants Schlafzimmer und brüllte: »Es ist Zeit!« Dann stand Kant auf, trank eine Tasse Tee, setzte seinen Hut auf – immer den gleichen – und rauchte die einzige Pfeife des Tages, die er sich erlaubte. Um sieben Uhr ging er in die Universität, um seine Vorlesungen zu halten. Mittags kam er wieder nach Hause. Um viertel vor eins betrat Lampe das Büro und brüllte die unveränderliche Formel: »Die Suppe steht auf dem Tisch!« Dann erhob sich Kant und begab sich zu Tisch, wo seine Gäste ihn erwarteten, Auserwählte der gehobenen Königsberger Gesellschaft. Anschließend unternahm er seinen berühmten Spaziergang, die immer gleiche Strecke.

2.

Dieser Lampe war ungewöhnlich dumm. Er hatte Schwierigkeiten mit Eigennamen. Er konnte sie sich einfach nicht merken. So brachte er seinem Meister zweimal in der Woche die *Hartungsche Zeitung* und sagte:

— Herr Professor, hier die *Hartmannsche Zeitung*.
Kant verbesserte ihn.
— Nicht Hartmann, Hartung!
Dann ging Lampe in Habtachtstellung und leierte:
— Nicht Hartmann, Hartung!
— Noch einmal! befahl Kant.
— Nicht Hartmann, Hartung!
Wenn die nächste Ausgabe eintraf, wiederholte sich das Spiel. Lampe irrte sich im Namen, und sein Meister verbesserte ihn. Das dauerte die gesamten achtunddreißig Jahre, die Lampe in Kants Diensten zubrachte.

3.

Bei Kant gab es weder Geliebte noch Gattin. Besuchte er die »Professionellen«? Das ist wenig wahrscheinlich. In seinem Stunde für Stunde im Interesse seiner Gesundheit geregelten Zeitablauf war sicherlich kaum Platz für eine Eskapade hin zur Laterne eines Freudenhauses. Eine Frau war für ihn nur jemand, der einen hinderte, im Kreis der Besucher zu philosophieren. Und Kant hatte eine Zwangsvorstellung: seine Körperflüssigkeiten zu beherrschen. Bei seinem täglichen Spaziergang achtete er darauf, nicht ins Schwitzen zu geraten. Kein Tropfen! Das war ein kategorischer Imperativ für ihn. Eine Geliebte, ein Beischlaf, selbst ein gelegentlicher, stellte einen Flüssigkeitsverlust dar, der für die Erhaltung seiner Lebenskraft gefährlich war. Er wollte alles behalten ... Schweiß, Speichel, Sperma ... Zurückhaltung auf ganzer Linie ...

4.

Mit Kant ändert sich der Status des Philosophen. Er wird zum Professor, zu einem Wesen, das ganz in der Lehre aufgeht. Die

Weisheit, die bei den Griechen oder in der Renaissance einen Hauch von Abenteuer haben konnte, wird zu einer maßvollen, ängstlichen Lebensweise. Seit jener Zeit, das heißt seit zwei Jahrhunderten, fallen die Biographien von Philosophen immer schlichter und monotoner aus: Berufungen, Versetzungen, Beförderungen, Publikationen. *Homo universitarius* ... Ein graues Wesen, das verlernt hat, mutig zu sein. Die Philosophen nennen »Weisheit«, was ihr kleinbürgerlicher Frieden ist. Sie leben vernünftig, in geradlinigen Bahnen. Sie setzen sich für die Erhaltung erworbener Vorteile ein. Sie nehmen Urlaub. Ihre Forschungen entwickeln sich durch Fleiß, nicht durch Erleuchtung. Sie graben sich durch die Bibliotheken. Lesen, Schreiben, Bücher kommentieren, darin besteht die heutige philosophische Aktivität. Ein Kommentar zu Derrida, der Heidegger kommentiert, der Nietzsche kommentiert, der die Griechen kommentiert ... Sich selbst stets im Verhältnis zu einem Autor der Vergangenheit definieren. »Neu«-irgend etwas sein. Zu Anfang des Jahrhunderts waren die Sorbonne und die Pädagogische Hochschule in Paris weitgehend »neukantianisch«. Aber das bedeutete nicht, daß die Herren Jules Lachelier oder Emile Boutroux – die Leuchten dieser Richtung – wie Kant gelebt hätten. Schade ... Wenn Philosophie eine Lebensweise ist, bestünde kantianisch sein darin, wie Kant oder wenigstens nach kantianischer Art zu leben. Es gäbe die reinen und harten Kantianer, die *amish** des Kantianertums, die sich mitten im 20. Jahrhundert kleideten wie er und äßen wie er. Und sie alle würden in Königsberg leben.

5.

Kant wurde in Königsberg geboren, er hat sein Leben lang in Königsberg gelehrt, er ist in Königsberg gestorben. Die re-

**amish*: Sekte in den USA, lehnt den Modernismus ab und lebt wie im 19. Jh.

nommiertesten deutschen Universitäten – Halle, Jena, Erlangen – haben ihm einen Lehrstuhl angeboten. Aber Kant hat sich stets geweigert, Königsberg zu verlassen, diese Stadt im fernsten Winkel Deutschlands, in Ostpreußen. Dort kannte er sich aus. Jeden Tag nach dem Essen spazierte er zur Festung Friedrichsburg, immer dem gleichen Weg folgend, den die Einwohner »Philosophenweg« tauften. Man wußte die Uhrzeit, ohne auf Kirchenglocken angewiesen zu sein: der Philosoph ging vorbei ... Im Jahrhundert der Aufklärung, in einem Europa des Aufruhrs, mitten in der Französischen Revolution – die er begrüßte – ist er in dieser Stadt geblieben, die in der unmittelbaren Umgebung der Ostsee vor sich hindämmerte: Königsberg!

6.

Die Philosophen vor Kant waren Reisende. Sie sahen sich Land und Leute an. Sie nahmen Risiken auf sich, denn Reisen war gefährlich. Sie beherrschten mehrere Sprachen. Sie waren Europa verfallen: In jeder Stadt rieben sie sich an verschiedenen Frauen. Die Philosophen vor Kant waren großzügig. Sie sparten nicht mit ihren Säften. Schweißausbrüche, Aderlässe, Beischlaf schreckten sie nicht. Sie waren Leute der großen Route, nicht der »Routine«, was wörtlich »kleine Route« bedeutet. Das griechische *theôrein* meint nicht nur »sinnen«, »meditieren« (woraus man »Theorie« gebildet hat), sondern auch »reisen«. Philosophieren hieß: seine Stadt zu verlassen, eine andere Sprache zu sprechen, einen Meister zu suchen, Schulen zu gründen, Schüler heranzubilden, Könige zu beraten, zurückzukehren, die Segel zu setzen, Sturm und Gefahren zu trotzen, ein wenig neugieriger, ein wenig kühner, ein wenig abenteuerlustiger als der Durchschnitt der Sterblichen zu sein.

7.

Man sollte auf Philosophen Fernand Delignys Methode zur Beobachtung autistischer Kinder anwenden: eine Karte ihrer Bewegungen aufzeichnen. Das ergäbe eine andere Lesart: »groß« wäre ein Philosoph durch das Ausmaß seiner Reisen, »schwierig« durch die Komplexität seiner verwickelten Spuren.

8.

Nach seiner Abreise aus Neapel unternimmt Giordano Bruno im Jahre 1576 einen erstaunlichen Trip durch Europa. Venedig, Genf, Toulouse, Paris, London, wieder Paris, Wittenberg, Prag, Siena, wieder Venedig … Auf jeder Etappe versucht er, einen Fürsten von der Nützlichkeit seiner »ägyptischen« Philosophie zu überzeugen, einer obskuren Synthese aus Christentum und Astrologie. Er spielt den Berater, den Spion, den Propagandisten. Er macht Politik, aber allein, ohne Anhang oder Schule. Jedesmal gerät er heftig aneinander mit den Hochgelehrten, den Universitätsangehörigen, die er »Pedanten« nennt. Jedesmal scheitert er, weil ihm der Sinn für die Kräfteverhältnisse abgeht. Er meint, Europa im Alleingang verändern zu können, indem er es bei den Hörnern packt, indem er seine Könige bekehrt: Heinrich III. in Paris, Elisabeth in London, Leopold in Prag … Er beeindruckt sie durch sein Wissen und sein bemerkenswertes Gedächtnis, aber er überzeugt sie nicht. 1591 kehrt er nach Italien zurück – welcher selbstmörderischen Eingebung folgend? –, und dort liefert ihn ein Verrat an die Inquisition aus. Das Gottesgericht verfolgte ihn, behielt ihn von Stadt zu Stadt im Auge, diesen abtrünnigen Mönch. Nach einem achtjährigen Prozeß wird er, wie wir berichteten, zum Scheiterhaufen verurteilt.

9.

Eine andere europäische Rundreise unternimmt Descartes. Nachdem er vom Kolleg in La Flèche abgegangen ist, bricht er, wie es für den Jüngsten der Familie Tradition war, zu einer Reise quer durch das Europa der Waffen und der Schlachtfelder auf. Holland, Dänemark, Deutschland, Prag (vielleicht, man verliert seine Spur), dann Italien. In Holland, wo er sich 1628 niederläßt, hält es ihn nicht an einem Ort: Franeker 1629, Amsterdam 1633, Utrecht 1635, Leiden 1636, Santpoort 1637, wieder Leiden 1640, Endegeest 1641, Egmond de Hoef 1643, Egmond 1644. Rückkehr nach Frankreich. Wieder Holland. Schließlich gibt er den drängenden Bitten der Christine von Schweden nach und schifft sich nach Stockholm ein.

10.

Von 1730–1731 ist der neunzehnjährige Rousseau ständig auf den Straßen Savoyens und der Schweiz unterwegs, ohne ein bestimmtes Ziel, ohne einen endgültigen Bestimmungsort. Er reist herum ... Danach sucht er Arbeit: Privatlehrer, Musiklehrer, Botschaftssekretär. Bei stets unsicheren Anstellungsverhältnissen wechselt er pausenlos den Wohnort. Als er berühmt ist, setzt sich die Rastlosigkeit fort, abhängig von den Zerwürfnissen mit seinen Mäzenen. Alles in allem eine Reise durch Europa ... Genf, Turin, Chambéry, Venedig, die französische Schweiz, Lyon, Paris, die Eremitage, Bugey, Neuchâtel, Biel, Paris, London, wieder Paris ... Ein Kritiker hat für diese Ruhelosigkeit den Ausdruck »Dromomanie« geprägt, das heißt Reisemanie, Unbeständigkeit als oberstes Lebensprinzip.

11.

Sokrates war der einzige häusliche Denker der Antike. Im Gegensatz zu allen Philosophen seiner Zeit, die eifrig das Mittelmeer bereisten, ist er stets in Athen geblieben (außer wenn es um seine militärischen Verpflichtungen ging). Zum großen Erstaunen seiner Umgebung übrigens. Heraklit, Pythagoras, Platon, Epikur, Aristoteles, Plotin: alle sind sie gereist, von Persien bis Spanien über Ägypten und Korsika (wo Seneca acht Jahre im Exil verbrachte). Er hat die Chance, die das Exil bietet, nicht wahrgenommen. Die Chance? Ja: Nach den Kynikern, die sich darin auskannten, sind Versagung von Sicherheit und Verwurzelung an einem Ort, erzwungene Mobilität eine ausgezeichnete Übung für Weisheit. Aristippos hat gesagt: »Schicke einen Weisen in ein fremdes Land, und es wird ihn weiser machen.« Und als man Diogenes vorwarf, daß er ausgewandert war, entgegnete er: »Unglücklicher, nur deswegen konnte ich philosophieren!«

Sokrates war nicht von solchem Kaliber. Er ist in Athen geblieben, in einem sehr überschaubaren Umkreis. Zwischen dem Gymnasion der Akademie, einem Vorort, den er häufig besuchte, und der Agora, das heißt dem Stadtzentrum, lagen kaum mehr als zwei Kilometer.

12.

Aber wenn er durch die weite Welt gereist wäre, wenn er nach Ägypten gegangen wäre (wie Platon nach einigen Zeugenaussagen), hätte sein Denken dann größere Tragweite gehabt? Ein Dreivierteljahrhundert nach dem Tod des Sokrates begleitet der Philosoph Pyrrhon Kaiser Alexander nach Persien, bis vor die Tore Indiens. Aus diesem Abenteuer macht er kein philosophisches Argument. Pyrrhon dachte als guter »Skeptiker« sogar, daß die Lebensweise eines Philosophen unerheblich sei und zu jenen Dingen gehöre, die auf gar keinen Fall unseren Geisteszustand beherrschen sollten. Geld, Kleidung, nichts von alledem berührt das Denken und die Ausgeglichenheit eines Weisen. Mit einem Kragenausschnitt gründet man eine Modeschule, keine Philosophieschule. Deshalb setzte Pyrrhon von Elis (365–275 v.Chr.) trotz seiner Ausflüge mit Alexander seine Ehre daran, zu leben wie jedermann. Er führte ein frommes Leben mit seiner Schwester. Diogenes Laertios sagte, daß »er gelegentlich Hühnchen und Schweine auf dem Markt verkaufte und sich gelassen um Haushalt und Schwein kümmerte«.

Aber auch Pyrrhon kommt nicht so davon ... Eine Schwester und ein Schwein, das ist, ob man will oder nicht, eine Lebensentscheidung.

III
Sokrates, der Kollaborateur

1.

Sokrates hätte Athen mindestens einmal verlassen müssen. Unter der spartanischen Besatzung und der Diktatur der dreißig Tyrannen bestand der wahre Bürgersinn darin, ins Exil zu gehen. Kein Rechtfertigungsversuch kann die Tatsache aus der Welt schaffen, daß Sokrates auf Seiten der Demokratiegegner stand. Das hat ihm prompt einigen Ärger bei der »Befreiung« eingetragen. Wie gewissen französischen intellektuellen Kollaborateuren 1945 …

Die »Faschisten« der damaligen Zeit nannten sich »Die Dreißig«. Eine Junta von Aristokraten, an deren Spitze Kritias stand, ein Schüler von Sokrates, und auch Charmides, der zu Platons Anhängerschaft gehörte. Wenn man sich, wie Sokrates, »Geburtshelfer« des Geistes nennt, wie kann man dann Schüler von der Art eines Alkibiades, eines Charmides oder Kritias in die Welt setzen, die die Schande des demokratischen Athen waren?

Mußte man ihn dafür verantwortlich machen? Jedenfalls beschloß der demokratische Klan, den Baum nach seinen giftigen Früchten zu beurteilen. Zwar hat sich Sokrates nie aktiv für »Die Dreißig« eingesetzt, aber er hat auch nie wirklich Widerstand geleistet, im Gegensatz zu vielen seiner Mitbürger, die ins Exil gingen, um die demokratische Rückeroberung vorzubereiten. Er, der Redegewandte, der Scharfzüngige, hat es versäumt, ein Wort der Ironie gegen »Die Dreißig« zu erheben ... Aus seinen Sympathien für Sparta, den diktatorischen, militaristischen Stadtstaat, hat er dagegen nie einen Hehl gemacht. Das Pikante an der Geschichte ist, daß er trotz dieser Einstellung, die man heute als »ultrarechts« einstufen würde, in Sachen laizistischer, republikanischer und demokratischer Unterricht nach wie vor hoch im Kurs steht. Sokrates bleibt eine Referenz ... der Schutzpatron der Philosophen!

2.

Sokrates hatte den Tod nicht verdient. Aber er hat ihn ein wenig gesucht ... Sehen wir uns den Verlauf seines Prozesses an. Die fünfhundert Geschworenen des Gerichts wollten den Tod dieses einundsiebzigjährigen Mannes nicht. Fünfhundert! Nicht alle von ihnen waren seine Feinde. Aber zur allgemeinen Überraschung wollte sich Sokrates nicht verteidigen. Er strafte die Geschworenen aus dem Volk mit Verachtung. Es widerstrebte ihm, vom »Volk«, das heißt von Händlern und Handwerkern, verurteilt zu werden. Er war nur der Sohn einer Hebamme, aber er hatte seinen Stolz. Trotz seiner herausfordernden und herablassenden Haltung fand sich lediglich eine schwache Mehrheit (dreißig Stimmen), die auf schuldig plädierte. Er hätte davonkommen können. Aber dann der Theatercoup beim zweiten Teil des Prozesses, in dessen Verlauf die Strafe festgelegt wurde: Sokrates erklärt, für den Fall der Bestrafung habe er es verdient, als Held anerkannt und auf Kosten des Staates für den Rest seiner Tage unterhalten zu werden. Bestürzung bei den Geschworenen! Der Mann scheint das Martyrium bewußt zu suchen ... Das kann er haben. Die Geschworenen sind empört und stimmen diesmal mit starker Mehrheit für die Todesstrafe. Der Eigensinn, die Arroganz des Sokrates haben bewirkt, daß sein Prozeß mit einer Verurteilung zum Tode endet.

Kein guter Aufklang, das Ende der Tyrannei mit der Ausschaltung eines Greises einzuleiten, dessen Einfluß sich auf nicht mehr als ein Dutzend Söhne aus reichem Hause erstreckte, auf einen kleinen Klan, angeführt von Platon und Xenophon, die Dialoge, »Apologien«, schreiben mußten, um das Andenken an ihren Meister zu verteidigen, was tatsächlich dringend nötig war ... Die Wahrheit ist: Wäre er friedlich an Altersschwäche gestorben, erinnerte man sich seiner nur als des Helden der platonischen Dialoge und damit genug. Aber der Schierling hat ihn gerettet ... Ein Märtyrer der Philosophie und des kritischen Geistes! Der Mythos hält sich seit zweitausendvierhundert Jahren ...

IV
Preußischer Stil

1.

Kant ist der Erfinder des Strumpfhaltergürtels. Der Autor der *Kritik der reinen Vernunft* war ein Gegner der Strumpfbänder, mit denen die Strümpfe an den Kniekehlen oder richtiger: um die Knie herum festgehalten wurden. Er war der Meinung, sie blockierten den Blutkreislauf. Aber wie sollten die Strümpfe halten? Eine Frage, die damals auch die Männer betraf. Kant hatte die Lösung gefunden: zwei kleine Gehäuse, oberhalb der Schenkel getragen und mit einer Uhrfeder versehen. Um diese Spirale herum verlief eine dünne Schnur mit einem Häkchen am Ende, das seinerseits die mit Ösen ausgestatteten Strümpfe hielt. Die Spannung der Schnur regelte sich über die Triebfeder in dem Gehäuse.

2.

Kant trug außerdem Perücke und einen Degen an der Seite. Er verbrachte jeden Tag viele Stunden bei Tisch mit seinen Gästen und sprach über alles, nur nicht über Philosophie, um seine Gesellschaft nicht zu langweilen. Er war ein Mensch des 18. Jahrhunderts, eine Figur im Rokoko-Stil, schrullig bis zur

Extravaganz. Für seine Nachfolger, für einen Hegel, der bei Ausbruch der Französischen Revolution zwanzig Jahre alt war, für die von der Modernität begeisterten Hegelianer, die Napoleon durch Deutschland hatten ziehen sehen, war Kant nur ein »Philosoph mit Perücke«, ein Mann der Vergangenheit, im Grunde recht wenig deutsch mit seiner Extravaganz. Im Juli 1791 empfängt der alte Kant in Königsberg einen armen Studenten namens Fichte, Autor eines »Kantischen« Werkes, das ihn rasch berühmt macht (wie man glaubt, von Kant selbst geschrieben). Eine neue Ära beginnt, das Zeitalter der Philosophen ohne Perücke.

3.

Schon 1804, im Todesjahr Kants, ist der vierzigjährige Johann Gottlieb Fichte Inhaber einer geschlossenen Pferdekutsche! Eine Art Cadillac zu einer Zeit, da die Professoren zwar nicht wie Bettler zu Fuß gehen mußten, aber auf die Postkutsche angewiesen waren (auf diese Weise reiste Hegel von Berlin nach Paris). Im Jahre 1811 dann die Krönung: Fichtes Ernennung zum Rektor der neuen Berliner Universität, für die er sehr genaue Vorstellungen über Disziplin und Ordnung entwickelt.

So setzt er sich zum Beispiel in der ersten Zeit für ein Verbot von Studentenduellen ein. Eine folkloristische Angelegenheit? Nein, es geht um die »Normalisierung« dieser Studentenhorden, die seit dem Mittelalter Autonomie, Macht, Traditionen besitzen und interne Konflikte auf ihre eigene Weise regeln. Pennälerhafte Klassen, gefährliche Klassen … Diese Studenten, eingeteilt in Landsmannschaften, ebenso häufig in den Kneipen wie in den Hörsälen zu finden, tragen den Keim der Unordnung in sich. Eine unerträgliche Situation für die preußische Monarchie, die »modern«, das heißt monolithisch in ihrer Macht sein will! Als geistiger Sohn Kants, den er vergöttert, versucht Fichte, die Studentenmacht zu zerschlagen. Aber die Traditionen erweisen sich als stärker. Die Duelle gehen weiter ... Im Jahre 1812 sieht sich Fichte gezwungen, aus dem Rektorat auszuscheiden, ohne seinen Reformplan umgesetzt zu haben.

4.

1829 erreicht Hegel den Gipfel seiner Laufbahn, nachdem er bis zum Alter von 48 Jahren quer durch Deutschland hatte reisen müssen, immer auf der Suche nach Stellen, die zudem noch schlecht bezahlt waren: Journalist, Privatdozent, Erzieher, Schulrektor. In Berlin schließlich die Krönung seines Lebensweges, er wird zum Rektor der Universität ernannt. Am Ende einer Rede, in der er bewiesen hat, daß Vernunft, Weltgeist und Intelligenz ihre Erfüllung – nach Napoleon – in der glorreichen preußischen Monarchie gefunden haben, erheben sich die Studenten und stimmen zum Taktstock eines Meisters in Latein das *Lutherlied* an. Auf solchen Höhen angekommen, lebt der einstige Privatdozent fortan in der Furcht, wieder auf die unterste Stufe der Leiter zurückzufallen. Dieser überzeugte Lutheraner – »ich bin ein Lutheraner, und durch Philosophie ebenso ganz im Luthertum befestigt«, schreibt er im Juli 1826 an einen gewissen Tholuck –, dieser ordnungsverliebte Mann besitzt keinen Humor, keinerlei Schlagfertigkeit; eingezwängt in sein bürgerliches Korsett, hat er nur seine Ehrbarkeit im Auge. Jedes Charisma geht ihm ab; deshalb sind die Studenten, die aus ganz Deutschland anreisen, um das Genie des Jahrhunderts zu hören, ziemlich enttäuscht: Hegel spricht schlecht, er sucht nach Worten, und seine Zuhörer haben um so größere Verständnisschwierigkeiten, als er von seinem schwäbischen Akzent nicht loskommt. Statt *etwas* sagt er *eppes*.

5.

Im Jahre 1821 griff Hegel einen Philosophieprofessor namens Fries an, den Führer der liberalen patriotischen Opposition; und er suchte sich dafür einen Zeitpunkt aus, als sein Rivale polizeilichen Verfolgungen ausgesetzt war. Die *Hallesche Zeitung* wies darauf hin, daß dies für einen großen Philosophen »keine noble Haltung« sei. Hegel forderte zornig Sanktionen gegen das Blatt und beschwerte sich bei der Krone über »zu große Pressefreiheit«. Minister Altenstein mußte diese Unterdrückungswut dämpfen und dem Philosophen empfehlen, sich an die Gerichtsbarkeit zu wenden, wenn er sich diffamiert fühle.

6.

1830 ängstigt sich Hegel über die »liberalen« Revolutionen, die Europa erschüttern. Der Gang der Vernunft erfüllt ihn plötzlich mit großer Furcht. Er, der in seiner Jugendzeit die Ideen der Französischen Revolution begrüßt hat, wagt es nicht, für durchaus gemäßigte Bewegungen Partei zu ergreifen. In Frankreich, in England geht es nur um etwas mehr Freiheit, ein paar Garantien, ein Stückchen Verfassung im Rahmen der Monarchie. Hegel erkennt darin das Gespenst der Volksrevolutionen! In einem Artikel für die *Preußische Staatszeitung*, das offizielle Organ der preußischen Monarchie, kritisiert der Philosoph die englische *reform bill* mit soviel Lobeshymnen auf die preußische Monarchie, daß es den Behörden peinlich ist. Auf persönliche Intervention Friedrich Wilhelms III., der keinen Ärger mit der englischen Regierung haben will, wird der Artikel nie vollständig gedruckt. Hegel, dem gerade der Rote Adlerorden dritter Klasse verliehen worden war, eine höchst seltene Auszeichnung, hatte sich preußischer als der König von Preußen gezeigt.

7.

Hegel gibt den Ton an. Würde und strenge Haltung werden die Markenzeichen des Intellektuellen im 19. Jahrhundert, insbesondere des Philosophieprofessors. Im 18. Jahrhundert waren die Temperamente ungezähmter, hatte der Geist der Ernsthaftigkeit noch nicht die besten Gehirne zugrunde gerichtet. Diderot erzählt, daß er als Gast des Barons von Holbach auf Schloß Grandval Zeuge der folgenden Szene wurde: Ein »kleiner Pfarrer«, ein »Gottseibeiuns«, der zu den Gästen gehörte, war mit der Hausherrin, Madame d'Aine, vertraut genug, um sie im Salon zu provozieren. Die Dame springt mit einem Satz vom Sessel auf und setzt sich rittlings auf den Pfarrer. »Und er wiehert und schlägt aus, sein Gewand rutscht zu den Schultern hoch, und die Unterröcke der Dame rutschen vorn und hinten hoch (...) Und wir lachen, lachen lauter und immer lauter und halten uns die Seiten, und schließlich legt sich die Dame nach vorn und ruft aus: ›Allmächtiger! Ich kann nicht mehr, ich kann es nicht mehr halten, der Pfarrer bewegt sich nicht!‹ Und der Pfarrer läßt sich von einer Sintflut lauwarmen Wassers überschwemmen, das ihm vom Hosengürtel bis in die Schuhe hinunterläuft, und schreit seinerseits: ›Hilfe, Hilfe, ich ertrinke.‹«

8.

1817 steigt Victor Cousin in Paris in eine Postkutsche, nimmt die Straße nach Metz und weiter nach Berlin. Frankfurt, Heidelberg, Marburg, Göttingen ... Er begegnet verschiedenen Philosophen und ist schwer beeindruckt: Deutschland ist wahrhaftig die Heimat der Philosophie, das gelobte Land! In Berlin lernt er Hegel kennen, dessen Korrespondent und Freund er wird. Wieder in Frankreich, führt Cousin an der Sorbonne Philosophie ein. Er wird der Papst dieses Fachs und kennt auch das passende Zeremoniell: In blauem Gehrock mit roten Revers betritt er theatralisch das Katheder und legt Stock und Zylinder darauf ab. Als Mitglied der *Académie française*, Staatsrat und Angehöriger des königlichen Rates wird er 1840 Unterrichtsminister. Achtundvierzig Jahre zuvor war er in einer Pariser Dachkammer zur Welt gekommen ... Von nun an lenkt er die französische Kultur.

Er hatte die krankhafte Angewohnheit, alles aufzugliedern. Den menschlichen Geist hatte er in genau sieben Fähigkeiten aufgeteilt. Das war praktisch, um Philosophie zu lehren und Examen abzunehmen, eine seiner Lieblingsbeschäftigungen. Denn es gefiel ihm ganz ungemein, Jurys vorzusitzen und höchstpersönlich von morgens bis abends die Kandidaten zu befragen, leidenschaftlich und unbarmherzig.

Seit Victor Cousin, dem Erfinder unseres Philosophieunterrichts, ist Frankreich im Grunde seiner selbst und ungeachtet seiner patriotischen Eitelkeiten überzeugt, daß diese Disziplin eine deutsche Angelegenheit ist.

9.

Mit der deutsch-französischen Rivalität, der Niederlage von 1870, wird alles, was aus Deutschland kommt, für einen Teil der französischen Intellektuellen suspekt. Sogar Diderot ... *Rameaus Neffe* blieb so lange unbekannt, weil dieses Werk den Umweg über Deutschland nahm, wo Goethe und dann Marx es lautstark gerühmt hatten. Aus einer antideutschen Geisteshaltung heraus haben die Franzosen Hegel erst zwischen den beiden Kriegen zu lesen begonnen – und auch da waren es zunächst nur einige Pioniere (Kojève) ... Die Studenten, die Öffentlichkeit mußten bis zur Befreiung warten. Und da die Psychoanalyse von dem »Deutschen« Freud stammte, war sie ebenfalls suspekt.

Dennoch wird die Reise nach Berlin mehr als ein Jahrhundert nach Cousin für einige Eingeweihte (vor allem für Sartre, der dort Husserl entdeckte) eine nahezu obligatorische Initiation. Die Bindestrichmanie wütet. Sie beginnt bei Hegel: das Für-sich-sein und An-sich-sein ... Sie setzt sich fort in der Phänomenologie: das Prä-Reflexive und anderes In-der-Welt-sein. Entfernt man die Bindestriche in *Das Sein und das Nichts*, so schmilzt Sartres Buch um dreihundert Seiten ... Aber die Apotheose, der glückliche Fund der Franzosen, den die Deutschen selbst ignoriert hatten, ist der Deutsche Heidegger.

10.

Heidegger! Der Rektor der Universität Freiburg mit Hakenkreuz am Revers, der große Denunziant von Demokraten und Pazifisten, der aus Liebe zum Führer die Universität säuberte, der in Lederhosen das ewige Deutschland und die große blonde Rasse besang! ... Die philosophische Modeströmung im Frankreich der fünfziger Jahre hat darüber großzügig hinweggesehen und sich auf ihn gestürzt, um zwanzig Jahre später festzustellen, daß ein starker Gaskammergeruch vom Werk des »größten Metaphysikers des Jahrhunderts« ausging.

11.

Im Sommer 1933 machen Studenten der Universität Freiburg paramilitärische Übungen in den Lehmgruben einer Ziegelei am Fuße des Schönbergs. Sie sind Mitglieder oder Sympathisanten der nationalsozialistischen Partei, der SA oder anderer rechtsextremer Splittergruppen, defilieren mit Holzgewehren und gehorchen den Befehlen eines zwei Meter großen Riesen und ehemaligen Berufsoffiziers namens Georg Stieler. Ein Auto fährt vor, dem ein kleiner wohlbeleibter Mann entsteigt. Es ist Rektor Martin Heidegger. Er salutiert mit dem Nazi-

Gruß. Er trägt keinen Stadtanzug, sondern kurze Hose und offenes Hemd: die Uniform der deutschen Nationalisten. Heidegger und Stieler: der Riese und der kleine Mann Seite an Seite, aber niemand ist unter den Zuhörern, den das zum Lachen reizte. Denn Rektor Heidegger ist gekommen, die pronazistischen Studenten anzuspornen, damit sie die Stunde der großen Säuberung beschleunigen. Was genau sagt er ihnen? Die Rede ist nicht erhalten, aber man kann sich anhand der einige Wochen später gehaltenen Rektoratsrede ein Bild davon machen:

»Unaufhörlich wachse Euch der Mut zum Opfer für die Rettung des Wesens und für die Erhöhung der innersten Kraft unseres Volkes in seinem Staat. Nicht Lehrsätze und Ideen seien die Regeln eures Seins. Der Führer selbst und allein *ist* die heutige und künftige deutsche Wirklichkeit und ihr Gesetz. Lernet immer tiefer zu wissen: Von nun an fordert jedwelches Ding Entscheidung und alles Tun Verantwortung. Heil Hitler!«

V
Descartes, ein schlechter Franzose

1.

Als Descartes in Amsterdam wohnte, sezierte er Rinder. Er ging zum Metzger, suchte ein Stück Vieh aus und ließ es sich nach Hause bringen. Mit Hilfe eines Assistenten, der ihm Rasiermesser, Messer und Skalpelle zurechtlegte, enthäutete er das Tier, schnitt es auf, weidete es aus und nahm es auseinander. Er gehörte zu der Kategorie von Philosophen, die sich die Hände an der Schürze abwischen müssen, bevor sie einem guten Tag sagen.

2.

Im holländischen Franeker nahe am Meer hatte Descartes ein Eliteteam zusammengebracht, das aus Mydorge und Ferrier bestand. Der erste stellte optische Berechnungen für die Fabrikation von Linsen an, der zweite schnitt die Gläser. Descartes hatte ein kleines Herrenhaus gemietet, und Besucher waren selten an diesem windumtosten Fleckchen Erde. Die Arbeiten gingen in aller Heimlichkeit vor sich. Man mußte sich schützen. Richelieu und auch der Fürst von Oranien hatten großes Interesse an diesen Forschungen. Das astronomische

Fernrohr wurde unter »militärisch-vertraulich« eingestuft, es war der Spionagesatellit der damaligen Epoche. Im Bereich dieser Spitzentechnologie bildete Descartes die Avantgarde.

3.

Sein Intimfreund in Paris war ein gewisser Pfarrer Picot, einer der größten Wüstlinge der Hauptstadt, ein »Libertin«, mit dem er ein fröhliches Leben führte. Descartes war ein geschickter Spieler. Er spielte um Geld, um die Einkünfte aus seinem Vermögen abzurunden. Seine Methode? Meilenweit entfernt von seinen Ausführungen im *Discours*. In einem Brief an Prinzessin Elisabeth erklärt er, um Glück zu haben, müsse man zunächst an das Glück glauben; das Selbstvertrauen ziehe die guten Karten an ...

Mit den Frauen ging er ebenso entschlossen und gelassen um. Klein und zart, besaß er den besonderen Charme des intellektuellen Haudegens, der die Damen in den Salons trefflich zu rühren verstand. Und diese schwarzen Augen, die einen durchbohrten ... Übrigens konnte Descartes als Wissenschaftler wie als Krieger auf eine ansehnliche Erfolgsliste verweisen: neben seinen Entdeckungen auf mathematischem Gebiet, die ihn in ganz Europa berühmt gemacht hatten, stand er bis zum neunundzwanzigsten Lebensjahr unter den Fahnen verschiedener Armeen, darunter der – protestantischen! – des Moritz von Nassau, der modernsten, der glänzendsten Armee. Dieses abenteuerliche Leben war nur wenig bekannt, man munkelte darüber; denn was seine eigene Person betraf, war Descartes alles andere als mitteilsam.

4.

Er interessierte sich außerordentlich für die Mechanik. Einer seiner bevorzugten Mitarbeiter, Etienne de Villebressieux, stellte mit seiner Hilfe erstaunliche Maschinen her: eine Doppelspirale, eine Art Rutsche, über die man gefahrlos von einem Turm heruntergelangen konnte; eine selbstblockierende Holzzange, die das Hochklettern an einem Seil ermöglichte; eine rollende Brücke, mit der breite, tiefe Gräben zu überwinden waren; ein Boot zur Überquerung von Flüssen (faltbar und tragbar); einen Rollstuhl für verwundete Soldaten, auf eine Federung aus Faßreifen montiert.

5.

»Die Franzosen sind Kartesianer« ... Aber war Descartes Franzose? Zwischen 1622 und 1648 hat er nur sechs Jahre in seiner Heimat verbracht. Er liebte sein Land, aber aus der Ferne. Er lebte vor allem in Holland und ritt zu seltenen Kurzbesuchen nach Paris und in sein Poitou. Das Frankreich seiner Zeit bot nichts, was einen freien Mann anlocken konnte: Triumph der katholischen Reaktion, Bürgerkrieg, Unterdrückung und Obskurantismus ... In Holland herrschte ein besseres Klima. Das lag am Liberalismus der »Vereinigten Provinzen«, die das Refugium von Intellektuellen wurden wie vier Jahrhunderte später die Vereinigten Staaten während des Nazismus. Amsterdam war tatsächlich das New York der damaligen Zeit. Eine Berühmtheit wie Descartes erfreute sich dort der gleichen Anonymität ... Die Ruhe war vollkommen, wenn man sich ein paar Kilometer entfernte, in Richtung Leiden, Utrecht, Franeker, in die nebligen Regionen von Santpoort, Deventer, Endege, Egmond. Im letztgenannten Dorf hielt Descartes es fünf Jahre aus, bevor er nach Schweden aufbrach. Ein Rekord an Seßhaftigkeit für diesen Nomaden ...

6.

Descartes ist kein »moderner« Philosoph. Und gerade deshalb kann man ihn bewundern … Er schrieb nicht gern, vor allem keine Bücher über Philosophie. Er äußerte sich lieber in Briefen: von den elf Bänden seiner von Adam und Tannery herausgegebenen Werke sind fünf seiner Korrespondenz gewidmet. Er hatte keinen festen Beruf. Krieger, Schriftsteller, Mechaniker, Mann von Welt, Libertin, Familienvater, Säbelfechter, Höfling, er hat so gut wie alle Rollen innegehabt, darunter die widersprüchlichsten. Für diese Energie, diese Anpassungsfähigkeit hatte er ein eigenes Wort, er nannte es: »Generosität«.

Auch in seiner Art zu schreiben ist er nicht modern. Zu unserem großen Bedauern und unserem großen Kummer … Seine Sätze sind das Spiegelbild des oratorischen Latein, das man ihm am Gymnasium eingetrichtert hat: mäandernde Gebilde, Schachtelsätze, schwerfällige logische Verknüpfungen. Descartes liebte es, sich hinter dieser verstaubten Rhetorik zu verstecken. Friede den Worten und der Grammatik … Zur gleichen Zeit schrieb ein Pascal lebendig und knapp. Aber unter dem Staub des kartesianischen Stils strahlendes Gold … Ein Hauch von Politur genügt, um dem *Discours de la méthode**

* *Hier der Text von Descartes:*

»Der gesunde Menschenverstand ist die bestverteilte Sache der Welt, denn jedermann meint, damit so gut versehen zu sein, daß selbst diejenigen, die in allen übrigen Dingen sehr schwer zu befriedigen sind, doch gewöhnlich nicht mehr Verstand haben wollen, als sie wirklich haben. Es ist nicht wahrscheinlich, daß sich in diesem Punkte alle Leute täuschen, sondern es beweist vielmehr, daß das Vermögen, richtig zu urteilen und das Wahre vom Falschen zu unterscheiden, dieser eigentlich sogenannte gesunde Menschenverstand oder die Vernunft, von Natur in allen Menschen gleich ist, und also die Verschiedenheit unserer Meinungen nicht daher kommt, daß die einen mehr Vernunft haben als die anderen, sondern lediglich daher, daß unsere Gedanken verschiedene Wege gehen und wir nicht alle dieselben Dinge betrachten.

Denn es ist nicht genug, einen guten Kopf zu haben; die Hauptsache ist, ihn richtig anzuwenden. Die größten Seelen sind der größten Laster ebenso fähig all seine Kraft zurückzugeben. Versuchen wir uns in geläufiger Sprache an den ersten Zeilen. Der Ritter möge uns vergeben ...

7.

»Alle Menschen sind gleich klug. Zum Beweis: selbst Nörgler und Verklemmte fühlen sich im allgemeinen gut bedient. Erstaunlich, daß sich nie jemand beschwert hat, zurückgeblieben zu sein, oder? Ich schließe daraus, daß Klugheit, Grips, gesunder Menschenverstand, Vernunft – nennen Sie es, wie Sie wollen – jedem bei seiner Geburt in gleicher Dosis mitgegeben wurden. Wie kommt es dann, daß alle Welt sich zankt und die Meinungen auseinandergehen? Manche sind eben gewitzter, sagen Sie mir ... Nein, antworte ich, der Grund ist, daß jeder nur seine eigene Nasenspitze sieht und nach seiner Fasson grübelt. Es genügt eben nicht, einen hohen IQ und tonnenweise graue Zellen zu haben, man muß sich ihrer auch bedienen können. Selbst die besten Gehirne können sowohl einrosten als auch Funken schlagen. Im Grunde ist es, wie man in Longchamp sagt: ein schlechtes Pferd, das stur geradeaus galoppiert, kommt schneller zum Ziel als ein Supercrack, der

wie der größten Tugenden, und die nur sehr langsam gehen, können doch, wenn sie den richtigen Weg verfolgen, viel weiter vorwärtskommen als jene, die laufen und sich vom richtigen Wege entfernen.

Was mich betrifft, so habe ich mir nie eingebildet, daß mein Geist in irgend etwas vollkommener wäre als die Geister vom gewöhnlichen Schlage; ich habe sogar oft gewünscht, den Gedanken so bei der Hand, die Einbildung so fein und deutlich, das Gedächtnis so umfassend und gegenwärtig zu haben wie manche andere. (...)

Aber ich bekenne ohne Scheu: ich glaube darin viel Glück gehabt zu haben, daß ich schon seit meiner Jugend mich auf solchen Wegen angetroffen, die mich zu Betrachtungen und Grundsätzen führten, aus denen ich mir eine Methode gebildet, und durch diese Methode meine ich das Mittel gewonnen zu haben, um meine Erkenntnis stufenweise zu vermehren und sie allmählich zu dem höchsten Ziel zu erheben, welches sie bei der Mittelmäßigkeit meines Geistes und der kurzen Dauer meines Lebens erreichen kann.«

in alle Richtungen ausschlägt. Ich, lieber Leser, behaupte nicht, schlauer zu sein als andere. Mir wäre es manchmal lieber, ich hätte einen weniger sprunghaften Geist und dafür die Kreativität, das Gedächtnis, die Geistesgegenwart mancher anderer Leute. (...)

Ich hatte – das sage ich ohne Scheu – ganz einfach Glück in meiner Kindheit. Ich wuchs in einem besonders anregenden Milieu auf und hatte reichlich Gelegenheit, meinen Kopf anzustrengen. Dabei habe ich mir meine eigene Methode zugelegt, zu lernen und langsam, aber sicher Fortschritte zu machen, bis ich mich eines Tages endgültig empfehle (man lebt nur kurz auf dieser Welt). Ich bin nicht genial, aber ich weiß, wie ich meinen bescheidenen Grips auf Hochtouren bringe, das ist alles.«

VI
Philosophen, die Ausweise bitte!

1.

Die meisten derer, die wir heute Philosophen nennen, haben nicht von der Philosophie gelebt. Sie haben Philosophie nicht studiert und nicht gelehrt. Es waren Kirchenmänner (Augustinus, Malebranche, Berkeley), Staatsmänner (Mark Aurel, Seneca), Astrologen (Giordano Bruno), Beamte (Montaigne), Physiker und Mathematiker (Pascal, Descartes), Diplomaten (Leibniz, Locke), Privatsekretäre (Hobbes, Hume), ohne festen Wohnsitz (Rousseau), Präfekten des Kaiserreichs (Maine de Biran), Privatiers (Schopenhauer, Kierkegaard). Keinerlei Homogenität! Der »Philosoph« ist keine berufssoziologische Kategorie.

2.

Am 10. Juli 1970 verkaufen Sartre und ein Dutzend seiner Freunde auf den Straßen von Paris *La Cause du Peuple*, eine verbotene maoistische Zeitung. Die Polizei schreitet ein, und die Gruppe findet sich auf dem Kommissariat wieder. Wie alle anderen soll auch Jean-Paul Sartre seinen Ausweis vorlegen. Ein komisches Bild: die Identität des berühmten Philosophen wird überprüft. Eineinviertel Stunden später verlassen die Verkäufer von *La Cause du Peuple* die Räumlichkeiten der Polizei als freie Menschen, Sartre an der Spitze. Die Verwaltung hatte ihn als »Schriftsteller« eingestuft. Hätte er darauf bestanden, als »Philosoph« registriert zu werden, wäre das Kommissariat wohl ordentlich in Bedrängnis geraten. Sartre war nicht einmal Professor der Philosophie. Philosoph? Das zu überprüfen braucht mehr als Eineinviertel Stunden. Die Angelegenheit harrt seit zwei Jahrtausenden ihrer Erledigung.

3.

Auf die schwierige Frage (»Was ist ein Philosoph?«) gibt es eine Antwort, schwarz auf weiß festgehalten: die offizielle Liste der in der Abiturklasse zu behandelnden Autoren. Aber diese Liste erfährt im Lauf der Zeit merkwürdige Variationen. Zum Beispiel tauchen im Lehrplan von 1960 plötzlich Montaigne und Machiavelli auf – warum so spät? –, während Condillac und Renan in der Versenkung verschwinden. Cournot und Lachelier finden sich ein paar Jahre später ein, während Schopenhauer, der doch Ende des 19. Jahrhunderts in Frankreich seine Blütezeit erlebte, noch immer fehlt beim Appell. Malebranche ist ebenfalls abgeschlagen, während Thomas von Aquin seinen Platz verteidigt. Bis heute entdeckt man weder Valéry noch Cioran, noch Dante, Meister Eckhart, Avicenna, Averroës, Maimonides oder Bertrand Russell. Besonders komisch ist der Fall Diderot. Er wird von den zuständigen Behörden nicht als »Philosoph« betrachtet, sondern fällt in den Bereich der »literarischen Unterwelt«. Tatsächlich hat er einen sehr klaren Stil, der keiner Entschlüsselung bedarf und Kommentatoren nicht unbedingt ermutigt.

In diesem wirren Durcheinander gibt es immerhin ein sicheres Kriterium. Alle Autoren, die man im Lehrplan findet, sind tot. Man muß sie erst eine Weile abkühlen lassen ... So kommt es, daß ein Gymnasiallehrer, der seine Schüler vor 1980 über einen Text von Sartre hätte arbeiten lassen, gegen die Vorschriften verstoßen hätte. Jungen Lehrern wird allen Ernstes von den Mitgliedern der Generalinspektion für Philosophie erklärt, daß man aufgehört haben muß zu denken, bevor man als interessanter Denker betrachtet werden kann.

4.

Die schönsten philosophischen Pflanzen sind immer außerhalb des Treibhauses Universität gediehen. Descartes, Spinoza, Malebranche, Leibniz, Diderot, Rousseau waren keine Professoren. Sie besaßen kein Diplom. Diese Leute waren irgendwo zwischen Klerikern und Schriftstellern angesiedelt, lebten als Gleichgewichtskünstler unter den verschiedensten Bedingungen. Seiltänzer von nirgendwo ... Gesellschaftlich betrachtet ist die Philosophie eine Utopie ... Dieses merkwürdige Gesindel – ohne festen Wohnsitz, bevor es sich der Republik andiente – war immer zu finanziellen Akrobatenstücken gezwungen, um zu überleben ... Diderot dachte zunächst an eine kirchliche Laufbahn, lebte dann von seiner fleißigen Feder, bis er schließlich, als es um die Zukunftssicherung seiner geliebten Tochter ging, die kompromittierende Schirmherrschaft Katharinas II. von Rußland akzeptierte. Und als das moderne Professorengeschlecht die Bühne betrat, haben die größten Akteure schleunigst ihre Ziehmutter verlassen, um ins Ungewisse aufzubrechen (Nietzsche, Sartre). Diejenigen, die an der Universität blieben, sind im allgemeinen nicht nachhaltig bekanntgeworden, so ist das. An wen erinnert man sich heute: an Auguste Comte (dem es nie gelang, ein Katheder zu besetzen) oder an seinen Zeitgenossen Royer-Collard, an Bergson (der das Collège de France der Sorbonne vorzog) oder an Ollé-Laprune, an Jean-Paul Sartre oder an Léon Brunschvicg?

5.

Heute steht die Philosophie in dem Ruf, »literarisch« zu sein. Einst war sie Synthese des Wissens. Sie umfaßte, vereinte die »Wissenschaften«. Sie stellte die Verbindung zwischen den einsamen Gelehrten in ihren Arbeitsstübchen her. Die Philosophen waren Wissenschaftler. Denker wie Platon, Aristoteles, Pascal, Descartes oder Leibniz betrieben Mathematik, Biologie, Physik, Mechanik nicht als Dilettanten, sondern als Forscher und Erfinder. Gleichzeitig betrachteten sie Philosophie nicht als Hobby, als Sonntagsbeschäftigung, als Gegenstand gesellschaftlicher Konversation, als Freizeitgestaltung des Gelehrten im Ruhestand oder als Kulturjournalismus. Sie waren deren »Amateure«, nicht im heutigen abgewerteten Sinne des Wortes, sondern in seiner ursprünglichen Bedeutung: »derjenige, der liebt«. Der Philosoph ist ein Liebhaber der Weisheit. Unermüdlich, engagiert, leidenschaftlich folgt er seiner Berufung, ohne daraus zwangsläufig einen Beruf zu machen. Er lebt *für* die Philosophie, nicht *von* der Philosophie.

6.

Die Erschaffung der Kategorie Philosophieprofessor hat Zeit gebraucht. Seine Kleider wurden erst im 19. Jahrhundert geschneidert und fertiggestellt. Das Mittelalter kannte nur Theologieprofessoren. Was Philosophie als Lehre angeht, gab es den glücklosen Versuch des einsamen Sterns Abélard im 12. Jahrhundert und dann hundert Jahre später die »averroistische« Krise. Flüchtige Lichtblicke, Trugbilder ...

Um ihren Lebensunterhalt zu verdienen, arbeiteten die Philosophen als Privatlehrer. Wenn sie sich an das Haus eines Fürsten banden, schnitten sie nicht schlecht ab, wie das Beispiel eines Hobbes lehrt. Um seinen Schülern, den Söhnen des Herzogs von Devonshire, von Sir Clifton und William Cavendish, das große Buch der Welt zu zeigen, bereiste er dreimal den Kontinent (1610, 1629, 1631). Verdingt sich der Philosoph dagegen bei einem Bürger, wie Rousseau in Lyon, Hegel in Bern, Kant und Fichte in ihrem Geburtsort, macht er nicht viel her: Hauslehrer, Diener gewissermaßen ... Die Julien Sorels der Philosophie hatten damals nur ein Verlangen: Karriere zu machen in den Nationalstaaten, die aus den Ruinen der Kaiserreiche (des deutschen, des napoleonischen) neu entstehen. Aber der Weg ist weit. Kant verbringt den größten Teil seines Lebens kümmerlich als Privatdozent, das heißt mit Vorlesungen, die nicht vom Staat bezahlt werden. Er hält Vorlesungen zu Hause oder in Sälen, die er in der Stadt anmieten muß. Georg Wilhelm Friedrich Hegel führt ein regelrechter Kreuzweg von Bern nach Berlin über die Stationen Tübingen und Jena. Schlecht bezahlt, schwer zu verheiraten, entkommt der Philosoph schließlich Bürgertum und kleinem Adel, um von der Universität entlohnt und anerkannt zu werden. Der Höhepunkt! Seine althergebrachte Vorstellung von »Sicherheit« erhält nun einen anderen Sinn. Sie ist nicht mehr, wie bei den Griechen, ein Zustand innerer Ausgeglichenheit für ein Leben in der Gegenwart ohne Sorge um die Zukunft, sondern eine gesellschaftliche Voraussetzung, ein beruflicher Vorteil, eine Karriereperspektive.

7.

Aber die Gattungsgeschichte ist 1830 nicht beendet. Zu jener Zeit ist die Hörerschaft von Hegel noch sehr gemischt. Im Hörsaal findet sich neben den Studenten alles, was in Berlin Rang und Namen hat und sich bilden will, Bürger, Frauen, Soldaten. Eine Mischung sämtlicher Altersgruppen und Gesellschaftsklassen (und Arten, sich zu kleiden) ... Man kann sich noch heute eine ungefähre Vorstellung davon machen, wenn man sich einen Hörsaal des Collège de France ansieht. Die »sortierte« Hörerschaft kommt später, im 20. Jahrhundert, wenn der Philosoph zu einem für Studenten ausgebildeten Professor wird. Und auch – eine französische Erfindung – für Gymnasiasten ... Da haben wir dann seine nach Altersklassen eingeteilte, sorgfältig homogen zusammengesetzte Hörerschaft. Weil er sich um »junge Leute« kümmert (ein verschwommener Begriff, der einst bis zum vierzigsten Lebensjahr reichte), hat der »Philosophieprof« das Gefühl, Sokrates zu gleichen. Als ob Alkibiades wie ein Schüler der Abiturklasse ausgesehen hätte ... Mit Aufseher- und Reproduktionsaufgaben beschäftigt (an der Universität befaßt er sich nur noch mit der Heranbildung weiterer Philosophieprofs), untermauert er seine Stellung mit Hilfe der »Pädagogik«. Eine zweifelhafte Verwandlung, wenn es stimmt, daß der »Pädagoge« auf der sozialen Leiter noch tiefer angesiedelt ist als der Privatlehrer. In Athen bezeichnete man mit diesem Wort den Sklaven, der die Aufgabe hatte, die Kinder auf dem Schulweg zu beschützen.

8.

Wie alle »Sophisten« seiner Zeit hatte Hippias von Elis den Ehrgeiz, seine Schüler auf allen Gebieten sachkundig zu machen. Seine Gebühren – sie waren sehr hoch – verwunderten die anderen Philosophen, die nie daran gedacht hatten, daß man mit einer so elementaren Tätigkeit wie dem Denken Geld verdienen könnte. Hippias wußte, was Leistung wert war. Manchmal ließ er sein Athener Publikum sitzen und ging zu den Olympischen Spielen. Dort hielt er auf Anfrage Reden über jedes Thema. Dieser Meister aller Formen der Beredsamkeit, dieses philosophische Multitalent war ein universaler Mann, der auch seine Hände zu gebrauchen verstand. Die Tradition überliefert, er habe sich in allen Berufen geübt und sich sogar seinen Mantel selbst genäht. Das war sein Weg zu einer rundum enzyklopädischen Bildung.

9.

Augustinus war ein Organisator. Er schrieb seine Texte nicht aus Vergnügen am Studium oder aus Liebe zu schöner Literatur. Der Bischof von Hippo Regius war eine Art Präfekt, ein Minister für Recht und Soziales. Er verwaltete das Vermögen seiner Kirche, vor allem die Spenden reicher Witwen – sehr wichtig, die Witwen ... –, war bei Prozessen als Schiedsrichter tätig, regelte die Benutzung des Gemeindebackofens oder die Eichung der Waagen. Er mußte seine Mitbürger gegen die Wandalen mobilisieren, die am Ende seines Lebens von Mitteleuropa bis nach Hippo Regius vordrangen.

Augustinus war auch Parteiführer in einer aus feindlichen Richtungen bestehenden Kirche: Arianisten, Manichäer, Donatisten, Pelagianer, Doketen ... Man massakrierte einander wegen der Heiligen Dreifaltigkeit oder der Erbsünde. Eine explosive Mischung! Die Christen verfolgten sich gegenseitig, und die Bischöfe läuterten sich bei lautstarken Synoden und Konzilen – ein wenig wie die heutigen Kommunisten, die ihrerseits gespalten sind in Marxisten, Sozialdemokraten, Bakunin-Anhänger, Bolschewiken, Menschewiken, Trotzkisten, Maoisten. Augustinus ist der Lenin der Spätantike. Ein maghrebinischer Lenin, denn er war Berber, geboren in Thagaste, dem heutigen Souq Ahras in Algerien, Student und Lehrer in Karthago, dann Bischof in Hippo Regius, nahe dem heutigen Annaba in Algerien. Ein Afrikaner ...

Natürlich war er vom Kulturkreis her auch Römer, mit Latein als Muttersprache und einem Vater, der ein kleiner Beamter des Kaiserreichs war. Eine *pied-noir*-Familie der damaligen Zeit ... Augustinus hatte das typische Gesicht derer von »da unten« ... Und auch den Akzent, wenn er Latein sprach, einen

Akzent, der ihm einigen Spott eintrug, als er in Rom und Mailand abstieg. Ein maghrebinischer Kirchenvater!

10.

Er kämpfte für die Einheit aller Christen, aber nur um seine Richtung, seine Prägung, seine Linie, seine Kirche durchzusetzen. Gewiß, an den Massakern dieses Bürgerkrieges hat er nicht teilgenommen. Seine einzige Waffe? Das Wort ... aber stets im Dienste der Zentralmacht, des Kaiserreichs. Dieser Inquisitor ohne Inquisition hat seinen Heiligenschein wohlverdient. Er war ein »Heiliger«, aber einer der »aktiven« Kategorie, kein kontemplativer Philosoph.

11.

Zu den Lieblingsbeschäftigungen der Philosophen gehörte die Erziehung von Prinzen und jungen Aristokraten. Die Ergebnisse waren im allgemeinen katastrophal.
Platon versuchte es in Syrakus während eines Erbfolgekrieges, der den Stadtstaat und ganz Sizilien nach dem Tod des Tyrannen Dionysios entzweite. Der Aristokrat Platon hatte nichts gegen Diktaturen. Er wollte sie nur im Licht seiner Philosophie »erleuchten«. Dreimal reiste er nach Sizilien. Aber er traf die falsche Wahl. Gegen Dionysios den Jungen, den Sohn des Tyrannen, ergriff er Partei für einen gewissen Dion, den er zu seinem Schüler machen wollte. Ohne großen Erfolg. Zwischen zwei Bündniswechseln und einigen Massakern rief dann Dionysios Platon als Ratgeber zu Hilfe (heute würde man von Berater sprechen). Anstatt in diesem Bürgerkrieg etwas mehr philosophische Gelassenheit an den Tag zu legen, wurde alle Welt nur tyrannischer. Dionysios beschuldigte Platon der Verschwörung, stellte ihn unter Hausarrest und verkaufte ihn

schließlich als Sklaven. Der Aristokrat Platon mit Ketten an den Füßen ... Er kam darüber hinweg und fuhr verbittert nach Athen zurück.

Sokrates hatte – wie wir gesehen haben – auch nicht mehr Glück mit Kritias, Alkibiades und den anderen; aufrührerische Politiker, die gegen den eigenen Staat die Waffen erhoben ...

Was Aristoteles angeht, so hieß das Ergebnis seiner Erziehung Alexander. Drei Jahre hatte er ihn als Schüler. Was für ein Meisterwerk! ... Der große Alexander, ein skrupelloser Kaiser, in seinem Größenwahn überzeugt, aus dem Schenkel des Herakles hervorgegangen zu sein; der blutrünstige Eroberer ließ unter anderen Heldentaten Theben dem Erdboden gleichmachen, organisierte die Zwangsheirat von zehntausend seiner Soldaten mit Frauen aus seinen Kolonien, zwang dreißigtausend iranischen Kindern eine griechische Erziehung auf usw.

Wie Alexander war Aristoteles Makedonier. Er hat immer Makedonien verteidigt, auch als es nach Athen griff. Was ihm einigen Ärger eintrug ... Aristoteles wurde zu Recht als Kollaborateur betrachtet, als Agent einer fremden Macht. Aber im Gegensatz zu Sokrates ließ er sich nicht vor ein Gericht bringen. Er floh nach Chalkis, nicht weit von Athen. Er mußte das Lykeion aufgeben, die Schule, die er gegründet hatte. Trauriges Ende: der Philosoph, wie man ihn im Mittelalter nannte, starb allein, ohne Schüler ... Als nach der makedonischen Diktatur die Demokratie wiederhergestellt wurde, beschlossen die Athener, daß die philosophischen Schulen eine Sondergenehmigung zur Eröffnung beantragen mußten. Sie rochen zu sehr nach Diktatur und Parteinahme für das Ausland.

Das pädagogische Werk Senecas ist ebenso katastrophal: sein Schüler hieß Nero. Das Ergebnis dieser Erziehung war schmerzlich für Rom und für Seneca selbst, der sich eines schönen Tages im Jahre 65 auf ausdrücklichen Befehl seines einstigen Schülers die Pulsadern öffnen mußte.

12.

Descartes wäre erstaunt und verärgert gewesen oder hätte vielleicht nur lächelnd die Achseln gezuckt, wenn man ihm gesagt hätte, er sei »Philosoph«. Dieses Wort erinnerte ihn an die Herren mit Doktorhut und langem Talar an der Sorbonne und an andere Kommentatoren des Aristoteles.

Die Philosophie brachte ihm kein Geld ein. Wovon lebte er? Von den Erträgen des väterlichen Erbes, dem Grundbesitz im Poitou. Er war ein Edelmann, der sich mit Mathematik, Physik, Medizin, Pionierwesen, Theologie und Philosophie beschäftigte, aber keiner Zunft angehörte, keinem Orden, keiner Bruderschaft, keiner Sekte, keinem Herrscher, keiner Schule, keiner Fakultät. »Philosoph« ohne Firmenschild, ohne eigenes Haus ...

13.

Bevor sich Bento – auch Baruch oder Benedictus – de Spinoza (oder d'Espinosa) der Metaphysik zuwandte, beschäftigte er sich mit Obst und Gemüse. 1654 beim Tod seines Vaters Michel, Oberhaupt der jüdischen Gemeinde Amsterdams und Importeur von Kolonialwaren, übernahm er mit seinem Bruder die Leitung des Geschäfts unter dem Firmennamen »Bento und Gabriel Despinosa«.

Nach seinem Ausschluß aus der jüdischen Gemeinde lebte Spinoza als Junggeselle in Gästezimmern, empfing einige Freunde, erteilte Unterricht in Philosophie, Hebräisch, Latein und schliff optische Linsen.

Seine ursprüngliche kaufmännische Ausbildung vergaß er nie. Sein Hauptwerk, die *Ethik*, ausgearbeitet *more geometrico*, das heißt wie eine mathematische Abhandlung, hat die Strenge eines Geschäftsbuchs, in dem alles belegt und berechnet ist.

14.

Rousseau hatte einen »handwerklichen« Beruf gefunden, der es ihm ersparte, mit Philosophen und anderen Buchschreibern verwechselt zu werden: er kopierte Noten.

Diese Art, seinen Lebensunterhalt zu verdienen, verschaffte ihm ein gutes Gewissen. Als unabhängiger Erwerbstätiger, der weder reich noch arm war, konnte er sich einbilden, zur Welt der Handwerker zu gehören. In Wirklichkeit machte er sich etwas vor. Die Aufträge seiner wohlhabenden Kunden erhielt er, weil er Rousseau war, der große Rousseau, der Schriftsteller, der Opernlibrettist. Tatsächlich war er kein besonders guter Kopist. Sein Geist ging auf Reisen, wenn er die Partituren abschrieb. Es mangelte ihm an Konzentration, er machte Fehler, er mußte radieren und Korrekturen vornehmen. Er kopierte, wie er botanisierte: um seinen Geist zu beschäftigen. Außerdem war er teurer als die anderen Kopisten der Hauptstadt.

Aber eine Partitur von Rousseau zu besitzen, selbst wenn sie durchgestrichene Stellen aufwies oder schludrig gemacht war, das war einfach schick …

15.

Rousseau war nie arm. Aber er stöhnte stets, als ginge er am Bettelstab. Daß er keine eigenen vier Wände besaß, hatte einen einfachen Grund: Man hat ihm stets Häuser zur Verfügung gestellt, und zwar die prachtvollsten. In den Wald von Montmorency zieht er sich nur deshalb zurück, weil er dort in einer schmucken Villa leben kann – der Ermitage –, die Madame d'Epinay eigens für ihn restaurieren ließ. Als er dann ein paar Kilometer weiter in ein Chalet einzieht, das ihm der Herzog und die Herzogin von Luxembourg anbieten, wird er nach seinem eigenen Eingeständnis »der am besten und angenehmsten untergebrachte Privatmann Europas«. Das hindert ihn jedoch nicht daran, sich selbst als »ohne Heim und ohne Brot« zu bemitleiden. Er war der Schützling Friedrichs II., der Herzogin von Sachsen-Gotha, des Prinzen von Conti, der bereits erwähnten Luxembourgs usw. Alles nicht von Bedeutung. Es ist beschlossene Sache, daß Jean-Jacques ein Verfolgter war. Er hatte es sich eingeredet. Ein Märtyrer! Der einzige Beruf, in dem er sich je wiedererkannte ...

16.

Hegel hatte große Geldsorgen. Seine Bezüge als Lehrer hielten ihn und seine Familie mühsam über Wasser. Man fragt sich gelegentlich, weshalb sein Stil so dunkel und unverständlich ist; manche haben darin sogar einen Weg gesehen, die Zensur auszutricksen. Die Erklärung ist einfacher: der Geldmangel. Im Februar 1812, als er gerade geheiratet hat, schreibt er die Logik und verrät einem Korrespondenten: »Zur gehörigen Form hätte ich noch ein Jahr gebraucht, aber ich brauche Geld, um zu leben.«

Womit bestätigt wäre, daß ein komplizierter Stil weniger zeitraubend als ein klarer ist.

17.

Sartre kümmerte sich nicht um Geld. Er zählte nicht, er gab aus, er warf mit Scheinen um sich. Politische Bewegungen, streitbare Zeitschriften, humanitäre Angelegenheiten und ... Mätressen, die zu unterhalten waren, zwangen ihn trotz seiner Tantiemen zu ständigen finanziellen Akrobatenstücken. Von den Kellnern wegen seiner astronomischen Trinkgelder geschätzt, mußte er stets mindestens zehntausend (neue) Francs bei sich haben, um sich wohl zu fühlen. Er kontrollierte bei seinen Verlegern weder die Einkünfte aus dem Urheberrecht noch Verträge, noch Verkaufszahlen. Finanzielle Probleme? Immer, aber niemals Angst. Als sich sein Sekretär eines Tages besorgt über seine Finanzlage äußerte, beruhigte er ihn: »Keine Sorge, ich habe ein Hirn aus Gold.«

18.

1927 beschließen Bertrand Russell und seine Frau Dora, ihre Kinder John und Kate nicht mehr in die öffentliche Schule zu schicken: die Erziehung dort ist ihnen zu religiös und zu moralisierend. Was tun? Die Eheleute Russell kommen auf die Idee, eine eigene Schule zu gründen mit etwa zwanzig Schülern, die sie auf dem Land nahe Southampton in einer großen Besitzung namens Telegraph House unterbringen. Aber sehr schnell stellt Russell fest, daß dieses Unternehmen ihn ruiniert. Um das durch die Schule verursachte Defizit auszugleichen, erhöht er die Zahl seiner Vorlesungen in den Vereinigten Staaten und schreibt Philosophisches ... Kleine allgemeinverständliche Bücher zu den verschiedensten Themen: *Ehe und Moral*, *Die Eroberung des Glücks* usw. Vom Philosophen Russell kennt man im allgemeinen nur die Arbeiten zur mathematischen Logik. Gepriesen seien die Geldsorgen, die ihn dazu brachten, leichter zugängliche Dinge zu schreiben!

19.

Ludwig Wittgenstein, Sproß einer sehr reichen Wiener Familie, besuchte bis zum Alter von vierzehn Jahren keinerlei Schule. Dann machte er ein Ingenieurstudium und widmete sich drei Jahre lang Luftfahrtforschungen an der Universität von Manchester. Auch die Architektur begeisterte ihn. Er war Mitarbeiter beim Bau des Hauses seiner Schwester Margarete, einem avantgardistischen Gebäude in der Kundmanngasse in Wien. Er hat ernsthaft an eine musikalische Karriere gedacht. Schließlich wurde er Philosophieprofessor in Cambridge, wo er einige Studenten unterrichtete.

VII
Das Zeitalter der Gastmähler

1.

In Griechenland waren alle philosophischen Lehren mit Ortsnamen verbunden. Die Akademie bei Platon, das Lykeion bei Aristoteles, der Garten bei Epikur, die Säulenvorhalle bei den Stoikern. Selbst die Kyniker, von denen es heißt, sie hatten weder Haus noch Herd, trafen sich auf dem Ringplatz der athenischen Vorstadt Kynosarges, dem Platz des Hundes. Daher leitet sich ihr Name ab. Sie waren »Hunde« unter den Philosophen, aber keine streunenden Hunde. Wie alle griechischen Philosophen versammelten sie sich gern in Sporthallen, den Palästren – und bei Gastmählern.

2.

Die Philosophie wurde in Griechenland bei Gastmählern *(symposion)* geboren, vorgetragen von Gästen mit glänzenden Augen. Wenn man zu mehreren in der Abendkühle zur Stunde der Eule – der Vogel der Minerva, Symbol der Weisheit – zusammensaß, war die Zeit gekommen, sich der tiefgründigsten aller Zerstreuungen hinzugeben: der Philosophie. Denn die Griechen sahen zwar die Nützlichkeit ernster Themen ein, nicht aber die Notwendigkeit, sie ernst zu behandeln. Ein Thema wird ausgewählt – in Platons *Gastmahl* zum Beispiel die Liebe –, und jeder hält seine Rede dazu. Jeder Gast wartet auf den Myrtenzweig, mit dem ihm das Wort erteilt wird. Man verteilt Kränze, Blumenhüte, veranstaltet Zechgelage, singt einen Päan zum Klang der Flöte. Es wird ein Krug gebracht, aus dem die Diener das Glas jedes Gastes füllen. Die Zungen lösen sich, der Geist geht auf Reisen. Die Seele schwingt sich auf ins Reich der Ideen! Ein Philosoph, der Wasser trinkt? Das hätten die Griechen nicht gewollt.

3.

Bei einem anderen »Gastmahl«, dem des Lukian (zweites Jahrhundert n.Chr.), legen Philosophen aller Richtungen – Platoniker, Aristoteliker, Stoiker – weniger Haltung an den Tag. Sie beschimpfen sich, bewerfen sich mit Weingläsern und prügeln aufeinander ein. Am Ende pinkelt ein Kyniker auf den Boden und pustet die Kerzen aus, weil er eine Flötenspielerin vergewaltigen will. Kein Vergleich mit den zivilen Umgangsformen bei Platon, aber vielleicht realistischer. Wie wäre es, wenn man das *Gastmahl* des Platon nach Art des Lukian neu schriebe? ... Und wenn Platon das Ganze den Erfordernissen seiner Akademie entsprechend und aus Sorge um Achtbarkeit ausgeschmückt hätte? Philosophie ist lediglich eine Unterhaltung bei einem Gastmahl. Man sollte sie nicht so ernst nehmen.

4.

Bei den epikureischen Gastmählern ging es sehr streng zu. Man feierte das Gedenken an den Meister, aber frugal, ohne Trunkenheit, ohne Ausschweifungen, ohne Geschichten über homosexuelle »Anmache« wie bei Platon, ohne Zechgelage oder Vergewaltigungen wie bei Lukian. Aber man streckte sich noch aus nach Art der Griechen. Als Christus später seine Jünger um sich scharte, saß man nur noch rund um einen Tisch, um ein wenig Brot und Wein zu teilen. Das Abendmahl, die *cena**, erinnert eher an ein kaltes Buffet vor dem abendlichen Rückzug ins Private.

Danach verschwindet die Nahrung ganz, und wir kommen zu der enttäuschenden Situation von heute: man redet an »runden Tischen«, ohne etwas zu essen oder zu trinken. »Symposien«, aber mit leerem Magen! Die Zeitgenossen lassen sich gewissermaßen mit Worten abspeisen. Die Menschheit ist in der Lage, die Hungersnöte zu bannen, aber die Philosophie ist auf Diät gesetzt. Die Philosophen veranstalten keine Gastmähler mehr, sie begnügen sich damit, Platons *Gastmahl* zu kommentieren. Dabei brauchten die Lehrer nur eins zu tun, wenn sie den Schülern eine lebendige Lektion in Platonismus erteilen wollen: Gastmähler organisieren.

5.

In Rom war die Philosophie allgegenwärtig. Nicht nur in reichen Häusern, wo der gute Geschmack und die Mode verlangten, daß man sich zur Unterhaltung und Beratung einen Philosophen hielt, sondern auch in öffentlichen Gebäuden: Forum, Areopag, Portiken, Sporthallen, Bäder. Vor allem Bäder ... Der Geist sprühte dort ebenso wie der Dampf. Natürlich dienten diese Orte der körperlichen Reinigung, aber man suchte sie auch auf, um zu diskutieren, Neuigkeiten zu erfahren, den Erzählern zu lauschen ... und den Philosophen. Zwischen zwei Massagen tauschte man tiefgründige und endgültige Ansichten über den Zustand des Universums, die

**cena*: bei den Römern Mahlzeit, die nach den »Geschäften« eingenommen wird (um 17 Uhr).

Seelenlage, die Notwendigkeit des Selbstmords, die Art des Umgangs mit Sklaven usw. aus. Vor der müßigen Kaffeehaus-Philosophie triumphierte die Philosophie in den Bädern.

6.

In der Schule Plotins im Rom des dritten Jahrhunderts trennte ein Vorhang die Straße vom Hörsaal. Ein Vorhang aus einfachem Stoff! Die Geräusche, die Gerüche konnten eindringen. Der stufenweise Aufstieg zum Ureinen – geliebtes mystisches Thema bei Plotin – war abhängig von einem Windstoß. Hatte man den Vorhang einmal hinter sich, konnte man den Meister nach Belieben fragen. Seine Vorlesung war äußerst chaotisch, und die Zuhörer plauderten in aller Freiheit. Kein systematisches Exposé, keine große Pädagogikmaschine; denn Plotin besaß die Gabe, mehrere Probleme gleichzeitig zu reflektieren. Die Gabe mentaler Allgegenwart. Während er lehrte, stellte er seine eigenen Überlegungen an.

Er konnte mit den Studenten diskutieren und gleichzeitig seinen Gedanken nachgehen. Er war für andere und zugleich für sich selbst präsent. In seinem Kopf gab es zwischen der Sorge um sich selbst und der Sorge um die anderen nur eine unbedeutende Trennung, wie ein Vorhang.

7.

Einzig zu sein wie der Gott der Christen, der Juden und der Moslems ist ein trauriger Zustand, der keinen Sterblichen mit Neid erfüllen sollte. Ewige Langeweile! Seltsame Idee, einen einzigen Gott anzubeten! Die griechischen Götter lebten in Gemeinschaft. Einsamkeit hätte sie in ihrer Allmacht gekränkt. Wenn es Gott gibt, ist er nicht allein.

8.

Als Abélard* nach all seinem Ärger wegen Heloise aus dem Kloster Saint-Denis vertrieben worden ist, beschließt er, sich zurückzuziehen. Er erinnert sich, daß er ein Stück Land nicht weit von Nogent-sur-Seine besitzt. Ein nacktes, unbebautes Stück Land, nichts als Erde. Dort will er sich niederlassen, allein, nur von seinem Schüler und Diener begleitet. Er baut sich eine Hütte aus Lehm und Schilfrohr, eine armselige Behausung. Er ist völlig abgebrannt, will aber nicht betteln, obwohl das für einen Mönch keine Schande gewesen wäre. Er entscheidet sich für ein armes, einsames Leben. Aber da holen ihn sein Ruf und seine Bewunderer ein ... In Paris bei den Studenten breitet sich das Gerücht aus, der große Abélard habe sich weniger als dreißig Meilen von der Hauptstadt entfernt niedergelassen. Die Getreuen strömen herbei. Ein unglaubliches Lager wird aus dem Boden gestampft: eine Universität aus Schilfrohr und Lehm, die Abélard Paraklet nennt, das heißt »Heiliger Geist«. Hütten und ein Oratorium entstehen auf dem Gelände. Abélard sieht sich von der Horde der per pedes Angereisten gezwungen, seine Vorlesungen wiederaufzunehmen. Aber sehr rasch wird die Lage dieser »Philosophenkommune« unhaltbar. Klatsch und Eifersüchteleien kommen auf. Die Kirche schreitet ein in der Gestalt des Bernard de Clairvaux, um die Rebellen zur Ordnung zu rufen. Es nützt nichts, daß Abélard seine Schüler beruhigt und ihnen rät, sich ein Stück weiter in das Dorf Quincey zurückzuziehen. Der Skandal ist nicht mehr einzudämmen. Bernard fordert Sanktionen, damit diese Quelle geistiger Verschmutzung sich nicht stromabwärts ergießt und die Hauptstadt überschwemmt. Abélard hält es für ratsamer, in die Bretagne zu fliehen. Heute arbeitet ganz in der Nähe des Paraklet und der erloschenen Flammen des Heiligen Geistes der Atomreaktor des Kraftwerks von Nogent-sur-Seine.

* Siehe Seite 121.

9.

Hegel will im Zentrum bleiben. Im Zentrum Deutschlands, das heißt in Preußen, im Zentrum Berlins, das heißt an der Universität. Und an der Universität bildet die Philosophie natürlich das Kernzentrum ... Übrigens ist die Wissenschaft für Hegel kreisförmig. Alles Wissen ist eine Rotation des Geistes um sich selbst. Erfaßt man das Zentrum, hat man alles erfaßt. Ganz klar, daß der Philosoph in die Hauptstadt gehört, ins Zentrum der Macht. Unwichtig, ob die Stadt angenehm, gastfreundlich, dem Denken nützlich ist. Nicht zu ändern, daß Berlin damals eine neue, staubige, von allen Winden geplagte Stadt inmitten von Sümpfen ist. Dort muß man sein, dort und nirgendwo sonst; auf gar keinen Fall in der Provinz, an den Rändern, an der Peripherie, im Exil. Schon im 13. Jahrhundert proklamierte ein gewisser Jean de Jandun: »Wer nicht in Paris lebt, ist nur ein halber Mensch.« Aber die Hauptstadt war damals ein erstrebenswerter Ort wegen ihrer Meister, ihrer Studenten und des *Quartier latin*, nicht weil sie Sitz des Königs, des Hofs und der Minister war. Für Hegel dagegen zählt einzig das politische Herz, der Ort, an dem alles zentralisiert ist.

Das Drama daran ist, daß sich der Philosoph, einmal in Berlin und auf dem Gipfel seiner Karriere, nicht sicherer fühlt. Er fühlt sich sogar schwächer denn je. Die Macht hält ihn, er sieht sich einer Kabale, einer Intrige preisgegeben, er ist im Zentrum der Angst.

VIII
Der Mittagsdämon

1.

Im 3. Jahrhundert unserer Zeit erlebt der Wadi An Natrun in Ägypten einen ungeheuren Zustrom an Askesewilligen. Anachoreten, die in tiefster Einsamkeit leben, Koinobiten, die ein zurückgezogenes Gemeinschaftsleben führen (in einem Kloster zum Beispiel), wurden so zahlreich, daß man bald feststellen mußte: es ist schwer, in der Wüste allein zu sein. Mystische Überbevölkerung! Denn so zahlreich sind Höhlen und schattige Plätze dort nicht ... Der Durst, vor allem der Durst bricht die Autonomie und läßt die Einsiedler gegen ihren Willen näher zusammenrücken. Das Wasser kommt nicht zum Eremiten, er muß schon selbst hingehen. Wenn er etwas trinken will, nimmt er seinen Stock, seine Kalebasse oder die Ziegenhaut, die ihm das Trinkgefäß ersetzt, und begibt sich zur Wasserstelle. Und was findet er dort? Den anmutigsten und beunruhigendsten Teil der Menschheit: Mädchen, Frauen, Kinder. Sie lachen, sie bespritzen sich, sie sind halbnackt. Immer wieder rutscht der Stoff von ihren Schultern. Die Mädchen lassen es sich nicht nehmen, den schmutzigen Asketen durch Gesten oder Scherze zu provozieren, wenn er seinen Blick von ihrer glänzenden Haut abwendet, vor allem von der der Kinder. Möge Gott den Asketen vor der Päderastie bewahren! Die Überlebenshandbücher für Einsiedler in der Wüste waren damals eindeutig: Mehr noch als Frauen sind Kinder zu fürchten als eine Versuchung Gottes!

2.

Eine andere Gefahr: Schlag zwölf Uhr, wenn die Hitze drükkend ist, bleiben Sonne und Zeit stehen. Dann überfällt Weltschmerz den Eremiten, er bekommt den Blues ... Das ist die sogenannte *Azedie*, die unter dem Namen »Mittagsdämon« in die Geschichte eingegangen ist, ein Trieb, der ursprünglich nichts mit Unzucht zu tun hatte. Es ist die Lust zu schlafen, aufzubrechen, diese Hütte, diese Höhle, diese Wüste zu verlassen, aufzugeben. Jahrhundertelang wurde die *Azedie* zu den acht Todsünden gerechnet, aber diese Ehre blieb ihr nicht vergönnt. Der Heilige Gregor schlug sie der Trauer zu. Wenigstens eine Todsünde weniger für die Menschheit! Und eine gefährliche Stunde gebannt: Der Mittag bedroht unser Heil nicht mehr.

3.

Es gab außerdem die Styliten (vom griechischen *stylos*, Säule). Diese Einsiedler der Höhe lebten tatsächlich auf Säulen, um sich von der Masse noch deutlicher abzugrenzen. Aber hoch oben auf den Ruinen waren sie den Blicken nur stärker ausgesetzt. Je sichtbarer sie sich von den Sterblichen abhoben, desto eindeutiger machten sie sich selbst zu Objekten der Neugier. Das war die schicke, kokette Seite ... Kann man sich heute einen Bernard-Henri Lévy mutterseelenallein auf der Spitze der Vendôme-Säule vorstellen? Für die Eremiten ist die Säule Selbsttäuschung oder Masche ... Sie verkörpert das Paradox extremer Einsamkeit: sie braucht Zuschauer, sonst funktioniert sie nicht.

4.

Am Kolleg in La Flèche brauchte Descartes wegen seiner schwachen Gesundheit nicht wie seine Kameraden in aller Herrgottsfrühe, sommers vier Uhr, winters fünf Uhr, aufzustehen. Er gewöhnte sich an, gegen die Gepflogenheiten seiner Zeit bis nach Sonnenaufgang im Bett zu bleiben. Kartesianer zu sein bedeutet auch: im Bett zu bleiben, wenn alles ringsherum geschäftig ist, lange im Halbschlaf zu faulenzen, wenn der Geist noch frisch ist, nicht zugeknöpft, würdevoll und auf die Gesellschaft eingestellt. Die freischwebende Konzentration auf sich selbst, das Schweifen außerhalb festgetretener Gedankenpfade erlaubt es, die Zensur und den intellektuellen Konformismus zu durchkreuzen. Das Bett, Boden der Freiheit ... Der junge Descartes träumt. Er lernt, in der Horizontalen zu philosophieren. In dieser Zeit sind seine Klassenkameraden schon auf. Der Geist rutscht ihnen in die Beinkleider. Sie lernen auswendig, den Oberkörper schön gerade aufgerichtet, um sich besser mit vorgefertigten Gedanken vollzustopfen. René Descartes dagegen liegt im Bett. Er wird sie alle überflügeln ... Später, als er in der Rue du Four unter dem Schild der Drei Rosenkränze wohnte, stattete ihm ein gewisser Le Vasseur spätmorgens einen Besuch ab. Descartes' Diener ließ ihn wissen, daß sein Meister ihn nicht empfangen könne. Der neugierige Besucher sah durch das Schlüsselloch und entdeckte, daß Descartes sich im Bett Notizen machte. Darüber war er so erstaunt, daß er seine Indiskretion unverzüglich an die Öffentlichkeit brachte.

In seinem *Discours* vergißt Descartes, das morgendliche Nichtstun und die Langschläferei als Grundlagen seiner Methode zu erwähnen.

Der gesunde Menschenverstand ist die bestverteilte Sache der Welt ... Das Bett auch ...

5.

Augustinus sprach dem Bett jede philosophische Tugend ab. Der Bischof von Hippo Regius bevorzugte den Tisch, die große Tafel des Klosters, in deren Runde man während der Mahlzeit ernsthaft diskutieren konnte.

6.

Ein weiterer philosophischer Ort: das Kabinett. Das Wort meint ursprünglich einen abgeschlossenen Raum, in dem man sich zu allen möglichen Anlässen in kleiner Runde versammelt: zum Regieren, zum Darmentleeren, zum Meditieren. Die Psychoanalyse wird uns vielleicht den Zusammenhang zwischen Machtausübung und Darmentleerung erklären: Man löst ein Problem nicht, man entledigt sich seiner ... Jedenfalls war man bis zum 18. Jahrhundert niemals allein auf dem Abort. Die Hose aufgehakt, die Beinkleider auf den Knöcheln, diskutierte man unter Freunden. Dann kam die Zeit der Scham und der Isolation. Der Individualismus bemächtigte sich der Schließmuskeln, und das Unerhörte geschah: Einige originelle, eigenbrötlerische Geister dachten sich ein Kabinett aus, in dem sie ganz für sich allein denken konnten. Eine Übung, die den Alten unbekannt war. Sie dachten stets in der Gruppe, in der Sekte, in der Kirche, mit einem Zitat, mit Versen, mit Maximen, die durchgekaut wurden ... Bis zu dem Tag, als Michel de Montaigne, der das Familienleben nicht schätzt, sich in seinem Schloß einen Turm ausbauen läßt, in dem er lesen, schlafen und meditieren kann. Die Decke läßt er nicht ohne Koketterie mit vierundfünfzig lateinischen Maximen ausschmücken.

Er braucht keine Seiten umzublättern, es genügt, wenn er in seinem Zimmer nach oben blickt. Später wird das Kabinett zu einem Arbeitsinstrument. Es bekommt Berufscharakter. In der Rue Taranne verfügt Diderot über einen Raum in der fünften Etage, eine Dachkammer über seiner Wohnung. Das Kabinett ist nicht länger die Schrulle eines gebildeten und frei umherschlendernden Edelmannes, sondern eine Produktionsstätte, aus der notwendig Manuskripte hervorgehen müssen, das Atelier eines – sitzenden! – Handwerkers, umgeben von seinen Instrumenten: Bücher, Federn, Papier und Streusand zum Ablöschen der Tinte.

7.

Kant konnte bei Lärm nicht arbeiten. Im Haus mußte Totenstille herrschen. 1775 wechselte er die Wohnung, weil der Hahn des Nachbarn ihn störte. Ein andermal forderte er die Königsberger Behörden auf, die Fenster des benachbarten Gefängnisses geschlossen zu halten: Die Häftlinge sangen aus vollem Hals, so daß der Philosoph sich nicht konzentrieren konnte.

8.

Am 9. April 1756 verläßt Rousseau Paris, um sich in der Ermitage im Wald von Montmorency nur etwa zwanzig Kilometer von Paris entfernt auf einem instand gesetzten, geräumigen Wohnsitz niederzulassen, der Madame d'Epinay gehört (»Mein Bär, hier Ihr Asyl«). Eine nicht wirklich verlassene Region, die sich die gehobene Pariser Gesellschaft für ihre Sommerresidenzen auserkoren hat. Später, nachdem Rousseau sich mit Madame d'Epinay überworfen hat, läßt er sich vom Herzog von Luxembourg, Marschall von Frankreich, nicht weit entfernt in Montlouis unterbringen. Ein Rückzug?

Ja, insofern als die Philosophie im 18. Jahrhundert in den Salons und Cafés stattfindet. Dennoch geht Rousseaus Gesellschaftsleben weiter, nur die Form wandelt sich: Diners, Empfänge auf dem Lande. Man besucht ihn, man schreibt ihm. In Paris war er nur ein Gast unter vielen, kein besonders glänzender Unterhalter, kein Mensch, der sich wirklich vorteilhaft ins Licht zu rücken verstand. In Montmorency wird er ein »Bauer«, er wird das Rauhbein, der »Bär«, der von sich behauptet, kein Geschenk anzunehmen und keinen Besuch zu empfangen. Was die Neugier der Aristokraten verdoppelt, die mit dieser Art der Zurückweisung wenig vertraut sind. Sie verfallen in Bewunderung und verlangen nach mehr.

Hätte Rousseau im Fernsehzeitalter gelebt, er wäre ein sehr medienwirksamer Einzelgänger gewesen.

9.

1876 kehrt Nietzsche Deutschland den Rücken. Da er sich von jeher in das humanistische Gedankengut der Griechen und Römer vertieft hat, bricht er auf, um sein frisches Universitätswissen in der Sonne Italiens trocknen zu lassen. Ein billiges Land, ein gutes Refugium für die mittellosen Intellektuellen der damaligen Zeit. Zum Leben hat Nietzsche nur die bescheidene monatliche Rente der Basler Universität, die Mitleid hat mit dem großen Kranken. In Rom, Genua, Turin, Sorrent mietet er sich bei Privatleuten oder in Familienpensionen ein. Er schreibt an seine Mutter, bittet sie um Eßpakete und einen kleinen Holzofen, denn im Winter friert es. Ein verlorener Sohn? Diese befreiende Ruhelosigkeit ist auch ein Leidensweg. Nietzsche war fast blind. Er trug eine Brille mit dicken Gläsern. Wenn er las, berührte seine Nase das Papier. Mit Koffern zu reisen war für ihn eine Riesenaffäre. Am Ostermontag 1888 verpaßt er den Zug, der ihn von Nizza nach Turin bringen sollte, weil er in Savona die Schilder nicht richtig gelesen hat. Er fährt in die falsche Richtung. Drei Tage Irrfahrt, weil er gebrechlich ist und ganz allein reist ... Jedes Jahr zum Weihnachtsfest, das ihn an die Abende im Familienkreis erinnert, verfällt er in Depressionen. Er will in triumphierender Einsamkeit leben und stirbt an seiner Verlorenheit. Seine selbstgezogene Bilanz im Jahre 1883: »Sieben Jahre Einsamkeit und, zum allergrößten Teil, ein wahres Hundeleben.« Während er ganze Tage lang wegen seines Augenleidens in einem Zimmer mit geschlossenen Läden liegt, findet Nietzsche zu den *Katoiken* zurück, jene ägyptischen Eremiten des 3. Jahrhunderts, die sich für ein Leben in der Dunkelheit entschieden hatten.

10.

Die Vorlesungen Bergsons am Collège de France hatten großen Erfolg: viele Leute wurden nicht eingelassen, die Zuhörer standen auf dem Gang, an den Fenstern. Das Publikum war gemischt. Man sah zahlreiche Damen mit Hut, denn Bergson – ein spiritualistischer Philosoph – wurde von den reichen Vierteln als wirksames Bollwerk gegen die schrecklichen Neukantianer der Sorbonne betrachtet. Und er redete so trefflich! Als guter Bürger hat er Medaillen und Ehrungen gesammelt: Offizier der *Académie française* (1886) mit Auszeichnung für Verdienste um das Bildungswesen (1895), Ritter, dann Offizier, Kommandeur, Großoffizier, Großkreuz der Ehrenlegion 1930 usw. Dennoch war er kein weltoffener Philosoph. Eher einzelgängerisch veranlagt, hat er weder Klan noch Schule gegründet, sich in keinem spirituellen Meister je wiedererkannt und keine Schüler gewollt. Er hatte eine sehr sanfte Art, seine Bewunderer und Gesprächspartner auf Distanz zu halten: er war außergewöhnlich höflich. Die Höflichkeit bildete eine Wand, sie zeigte auf entwaffnende Weise sein totales Desinteresse an den anderen. Die ausgesuchte

Bergsonsche Höflichkeit war die Verfeinerung des wahren Einzelgängers.

11.

Der 1884 geborene Gaston Bachelard gehörte zu einer Generation, die bei Kerzenschein studierte. Er erlebte den Übergang zur Elektrizität, zu dem, was er das »verwaltete Licht« nannte. *Fiat lux* ... Zu Beginn des 20. Jahrhunderts denkt der Philosoph plötzlich im Licht einer Glühbirne. Der Gedankenfaden beginnt zu glühen. Mehr als zweitausend Jahre Meditation bei Öl und Wachs gehen in Rauch auf. Die »Lampen« des 18. Jahrhunderts waren mit einem Docht versehen und wurden mit der Schere geputzt. Im 20. Jahrhundert dann die vollkommen elektrifizierte Philosophie. Das bleibt nicht ohne Folgen für das Denken. Was wird aus den Illuminaten? Man fand sie leicht in den schattenreichen Ländern, in den Meeren der Dunkelheit, welche die Städte einst waren, wo die kleinste Silhouette gespenstische Dimensionen annahm. Das weiße, kalte, gleichmäßige Licht, das nicht flackert, das dem Unsichtbaren wenig Chancen läßt, macht Geistesblitze dagegen schwieriger.

12.

Zum Denken braucht man einen Rahmen, einen Winkel, eine Ecke, eine kleine Ecke ... Ein Dach, Wände, eine Türschwelle. Sehr wichtig, die Türschwelle: die Philosophie empfängt nicht Gott und alle Welt ... Man muß sich einen bestimmten Raumausschnitt zulegen und ihn besetzen. Dieser Rahmen kann Schule, Akademie oder Universität heißen. Der Philosoph findet darin die Sicherheit einer *Korporation* – ein Wort, das ja die »Einbeziehung in einen Körper« bezeichnet, wie in eine Immunhülle, eine schützende Blase. Das ist das verführerische Konzept der Universität: eine Gemeinschaft von Menschen, die ihr Leben unabhängig von Kirchen, Fürsten und Herrschenden dem universellen Wissen widmet.

Natürlich ist die historische Wirklichkeit weniger brillant. In allen Epochen gibt es Kasten, Privilegien, Sinekuren, Machtverhältnisse, neue Abhängigkeiten. Statt eines angeblich universellen Wissens kümmerliche Einzelkenntnisse. Statt hervorragender Köpfe Spezialisten, soll heißen Ignoranten. Statt eines Rahmens und eines schützenden Gewölbes Löcher im Himmel. Aber man braucht einen Himmel.

13.

Denken vollzog sich früher im Schutz eines gewaltigen prunkvollen Glasdaches. Es bestand im Universum mit seinen sieben durchsichtigen, kristallsphärengleichen Himmeln. Ein Schauspiel, das durch seine Regelmäßigkeit beruhigte ... Den Kosmos zu beobachten bedeutete, ein wenig Ordnung in sich selbst zu bringen (auf Griechisch heißt *kosmos* »Ordnung«). Es gab so etwas wie ein Ineinandergreifen von Sphären, von konzentrischen Kreisen: die Himmel, das Universitätsgewölbe, der Kopf des Denkers. Alle rund! Soweit die griechische Version. In der mittelalterlichen Version ist die Welt der Bauch Gottes. Der Mensch, seine Zeugung, bewegte sich darin, geschützt durch eine Membranschicht. Die letzte Membran ist die Universität, *alma mater*, die zweite Mutter.

Doch das erhabene Glasdach des Kosmos ist schon vor langer Zeit zu Bruch gegangen. Das Universum ist zu einem windumtosten Haus geworden. Wo ist die beruhigende Hülle? In einem berühmten Zitat erwähnt Kant im gleichen Atemzug den »bestirnten Himmel« über sich und das »moralische Gesetz« in sich. Und dieser Doppelgedanke übte eine besänftigende Wirkung auf ihn aus (wie alle Maniker war Kant ängstlich). Aber was konnte er am Ende des 18. Jahrhunderts schon Besänftigendes finden in diesem unendlichen Universum, dessen Zentrum überall und dessen Peripherie nirgendwo ist? ... Ein Jahrhundert vor ihm erbebte der modernere Pascal angesichts des ewigen Schweigens dieser unendlichen Räume. Nichts von Moral: Leere, Wirbel ... nicht zu reden von Schwarzen Löchern ... Und im übrigen, wie konnte Kant bei seiner Zeiteinteilung den Himmel über sich beobachten? Er war einer, der mit den Hühnern ins Bett ging, das Gegenteil eines Nachtschwärmers. Wenn die Sterne aufgingen, war Kant schon längst eingeschlafen.

IX
Bachelards Tränen

1.

Beim Tod von Descartes stritten sich Franzosen und Schweden um seine Leiche. Schließlich wurde die kostbare Hülle in Stockholm auf einem Friedhof für Ausländer, Waisen und in zartem Alter verstorbene Kinder bestattet. Man mußte bis 1822 warten, ehe der Schädel des Philosophen in sein Heimatland zurückkehrte. Man stellte ihn in eine Vitrine des naturgeschichtlichen Museums, wo schon die knöchernen Überreste einiger anderer Berühmtheiten aufbewahrt wurden. Das war damals in Mode. Die wissenschaftliche Version des Reliquienkults ... Das 19. Jahrhundert verehrte Schädel, ihre Formen, ihren Umfang und vor allem ihre Höcker, an denen man laut Aussage der Phrenologen die Intelligenz ablesen konnte, einfach indem man wie bei der Blindenschrift mit der Fingerspitze ihrer Erhabenheit folgte. Im 20. Jahrhundert verlegte sich diese Manie auf das Gehirn großer Männer. Wenn Descartes heute gelebt hätte, seine Hirnsubstanz hätte das gleiche Schicksal wie die Einsteins erlitten: die Untersuchung unter dem Mikroskop! Tipp dir an die Hirnrinde, da sitzt das Genie ...

Aber niemand hat sich um die Leber Descartes' gekümmert. Dabei war dort der Schlüssel seines Wesens zu finden: nicht in seiner »Intelligenz«, sondern in seinem Mut ... denn die Leber galt seit der Antike als Sitz des Mutes, der Angriffslust, der Kriegslaune. Die hitzige Galle provozierte den »Koller« (vom griechischen *chole*, Galle), der bei unseren Vorfahren heftiger war. Dieser Verlust der Selbstkontrolle führte zu unglaublichen Taten: katastrophalen (Ermordung eines Dieners oder Verwandten) oder glorreichen (einen Feind um die Ecke bringen). Nun hatte Descartes aber ausdrücklich bekannt, mit dieser »hitzigen Leber« ausgestattet zu sein, die ein energisches Temperament hervorbringt. Er besaß eine hitzige Leber oder, wie man heute sagen würde, er war ein Hitzkopf. Zu schade, daß nach seinem Tod keiner seiner Anhänger daran gedacht hat, diese berühmte Leber in Formalin zu konservieren!

Doch wenn »die Philosophie ein Kampfplatz ist« (nach Kant), dann ist Mut ganz offensichtlich eine Kardinaltugend des Philosophen – wenn auch nicht zwangsläufig die bestverteilte unter den berühmtesten Geistern ... Beispielsweise Hegel, der seinen Rivalen Fries angreift, Leibniz, der Spinoza verurteilt, was tun sie, was sind sie? Große Philosophen, die kleine Gemeinheiten begehen? Oder sehr kleine Philosophen, wie ein Diogenes, für den Mut und Weisheit eins waren, sie beurteilt hätte?

2.

Sokrates wurde nur von den Platonikern, das heißt von einer sehr kleinen Gruppe, als Vorbild betrachtet. Die übrigen Philosophen der Antike hatten sich einen ganz anderen Schutzpatron erwählt: Herkules (Herakles). Heute denkt man bei diesem Namen an einen muskelbepackten Hollywoodhelden, aber für die Alten, insbesondere die Kyniker, repräsentierte er ein moralisches Ideal.

Seine Kraft lag im Geist. Ein Athlet des Willens! Ein Held,

den man sich mager, nervös, tonisch vorstellen muß, die Augen verzehrt von einem heiligen Feuer, ein Gelehrter ohne Lehrstuhl, ohne Bücher, ohne Diplom, nicht mit Weisheit, sondern mit Scharfsinn ausgestattet, großzügig. Er bereiste Europa und Asien, um den Guten zu helfen und die Ruchlosen zu strafen: Nehmen Sie nur die Liste seiner Arbeiten. Die Legende sagt außerdem, er sei mittellos gewesen, habe auf dem nackten Boden geschlafen, ausgesehen wie ein Hungerleider und nicht weniger als siebzig Kinder gehabt! Dennoch bezähmte er sein feuriges Temperament besser als irgendein lüsterner Gott. Vulkanisch, aber nicht geil ... Als eine strahlend schöne Amazone ihn eines Tages becircen wollte, packte er sie bei den Haaren und nahm sie ziemlich brutal, um ihr klarzumachen, daß man einem Herkules so nicht kommen konnte.

3.

Giordano Bruno ist ein anderer Herkules. Die gleiche Irrfahrt, die gleiche Armut, die gleiche Selbstlosigkeit, die gleiche Unbeständigkeit, die gleiche Vitalität. Es sind zwei Kommandeure ohne Truppe, zwei Generäle ohne Armee, zwei Anführer, die nichts anführen, zwei, die Wind säen, die weder Stadt noch Schule gründen, die nur auf ihre eigene Kraft vertrauen und enden, wie sie begonnen haben: allein, eingekreist von wilden Tieren. Zwei Dünne mit glühenden Augen ... fasziniert vom Feuer, ihrem Element: beide starben in einer Feuersglut. Herkules hat seinen Scheiterhaufen eigenhändig auf dem Berg Öta errichtet, als er erkannte, daß er verloren war (eine seiner eifersüchtigen Konkubinen gab ihm ein Gewand, das mit dem Blut des Zentauren Nessos vergiftet war). Bruno, der eine Art Sonnenreligion verkündete und am Fuß des Vesuv geboren wurde – Feuer, abermals Feuer –, weigerte sich zu widerrufen und wählte damit den Tod in den Flammen der römischen Inquisition.

4.

Als Pierre Abélard (1079–1142), der älteste Sohn des Grundherrn von Pallet, das Wehrgehänge des Soldaten gegen die lange Klerikerrobe tauschte, war dies für ihn nicht gleichbedeutend mit einem generellen Verzicht auf Waffen, er hatte lediglich andere gewählt. Im Jahre 1100 geht der Einundzwanzigjährige nach Paris und fordert Guillaume de Champeaux heraus, einen renommierten Theologen, der in der Schule von Notre-Dame auf der Ile de la Cité fest im Sattel sitzt. Abélards Sprache erinnert eher an einen Armeegeneral als an einen Professor. »Ich errichtete mein Lager außerhalb der Stadt, auf dem Hügel Sainte-Geneviève, wie um denjenigen zu belagern, der sich meinen Platz angemaßt hatte.« Sein erstes Manöver hatte darin bestanden, sich in der Königsstadt Melun niederzulassen und dort eine Schule für abtrünnige Pariser Studenten zu gründen. Zu Beginn des 12. Jahrhunderts war der Universitätskrieg auf dem Höhepunkt. Der Streit ging darum, ob sich eine allgemeine (»universelle«) Idee auf die äußere Realität gründe (die »realistische« These), oder ob sie nur eine Bezeichnung, eine sprachliche Hervorbringung sei (die »nominalistische« These). Guillaume de Champeaux war Realist, Abélard vertrat eine dritte »konzeptualistische« These. Der zukünftige Liebhaber der Heloise, jung, redegewandt, brillant, leidenschaftlich, hat es nicht schwer, Anhänger für seinen Bewegungskrieg zu finden. Von Melun dringt er vor bis Corbeil, sammelt seine Truppen und macht sich an die Erstürmung des Sainte-Geneviève, einer Anhöhe mit Weinbergen und Gehöften, an deren Fuß Guillaume de Champeaux sein Lager aufgeschlagen hat, verschanzt in der Abtei Saint-Victor. All das ohne einen Säbelhieb, allein durch die Kraft der Worte! Die Redegewandtheit Abélards wirkte auf seine Gegner wie siedendes Öl. Zur großen Freude des Auditoriums ... Abélard besetzt das Gelände und gründet das *Quartier latin*, eineinhalb Jahrhunderte vor Robert de Sorbon. Wo es eine Weinkultur gab, wird eine Studentenkultur erblühen.

Nicht zufrieden mit dem Sieg in Paris, geht Abélard nach Laon, wo er Anselme herausfordert und besiegt, diesen anderen Star der Theologie, von dem er sagt, daß »die Flamme seines Geistes das Haus einräucherte, statt es zu erleuchten«. Mit wenigen treffenden Syllogismen und unter Zuhilfenahme mörderischer Zitate erringt er einen triumphalen, aber nutzlosen Sieg, weil er wenig später Heloise begegnet ... Bei diesem Liebesabenteuer werden ihm so viele Irrtümer und Fehler unterlaufen, daß er die Schlacht jämmerlich verliert. Der Eroberer wird besiegt, getroffen an der ungeschützten Stelle im Harnisch: dem Herzen.

5.

Als Descartes sich Chevalier de Perron nennen ließ – nach seinem Gut im Poitou –, kleidete er sich als Edelmann, das heißt als Krieger. Er trug einen Federbusch am breiten Hut, an der Seite das Degengehänge und eine seidene Schärpe quer über der Brust. Sein Wams zierte grüner Taft, ein Stoff, der groß in Mode war. Ein eleganter Krieger ... Doch die Jahre gehen ins Land, und die Leber kühlt sich ab. Der Chevalier de Perron wird zu René Descartes und legt den Degen ab, um von nun an »Feigheit« zu seinem Beruf zu machen, wie er selbst es nennt. Kostümwechsel. Nachdem Pferdekutsche und Panzer ausrangiert sind, legt er neue Kleider an, ganz in Schwarz. Der ruhelose Chevalier läßt dem seßhaften bürgerlichen Philosophen den Vortritt. Wir schreiben Mitte des 17. Jahrhunderts.

6.

Kant ist der letzte Philosoph, der einen Degen trägt. Als er eines Tages seine Sympathie für die amerikanische Revolution zum Ausdruck brachte, forderte ihn ein britischer Staatsbürger, der auf Durchreise in Königsberg weilte, aufgebracht zum Duell heraus. Aber Kant ließ seine Waffe stecken. Er wußte sie nicht zu gebrauchen. Die beiden Weltmänner zogen sich mit einer guten, offenen Diskussion aus der Affäre.

Die Mitglieder der *Académie française* haben bis heute an Zweispitz und Degen festgehalten. Man weiß nicht, gegen welchen Feind und für welche Kämpfe. Aber es ist ein rührender Überrest aus der Zeit, als die Gebildeten noch kriegerischer Laune waren.

7.

Leibniz legte großen Wert auf ein Treffen mit Spinoza, was dieser mit Mißtrauen betrachtete. Leibniz hatte als Diplomat Karriere gemacht, er kannte alle Höfe und Kanzleien Europas, er stand im Dienst von Johann Friedrich von Braunschweig-Lüneburg, des Herzogs von Hannover. Schließlich fand das Treffen 1676 in Den Haag statt.

Leibniz ist damals erst dreißig Jahre alt, hat aber bereits eine hohe Meinung von sich selbst. Er ist brillant und ehrgeizig, redet ein wenig laut, trägt eine Lockenperücke und ist prächtig gekleidet, auch wenn er sich aus Gründen des Takts nicht allzu überladen gewandet hat, als er Spinoza besucht, der ihn in seiner bescheidenen Zweizimmerwohnung in der Paviljoengracht empfängt. Auf dem Tisch Werkzeug zum Schleifen von Glaslinsen; im Schrank Bücher, der einzige Luxus im Raum ... Spinoza trägt keine Perücke, er hat schwarzes, lockiges Haar. Seine Augenbrauen sind sehr lang, sein Teint ist matt, seine Wangen sind ausgehöhlt von der Krankheit (ein Jahr später wird er im Alter von 45 Jahren an Tuberkulose sterben). Die beiden Philosophen unterhalten sich auf Latein. Leibniz ist gespannt auf das Manuskript der *Ethik*, ein Teufelswerk, das er vom Hörensagen kennt, ein verhaßtes Buch, noch bevor es erschienen ist. Spinoza hütet dieses Manuskript sorgfältig in einer verschlossenen Schublade. Er will seinem Gast gern einige Sätze daraus vorlesen, das Werk aber auf gar keinen Fall aus der Hand geben.

Und das aus gutem Grund. Als sich einige Jahre später der »teuflische« Ruf Spinozas verstärkt hat, spricht Leibniz von dieser Zusammenkunft wie von einem ganz und gar harmlosen Ereignis, behauptet, den holländischen Juden nur einmal nach dem Essen getroffen und beim Nachtisch lediglich über Optik und Anekdotisches mit ihm geplaudert zu haben ... In seinem Briefwechsel mit Spinoza fordert er ihn auf, über einen Mittelsmann zu antworten, damit ihre Beziehung nicht bekannt wird. Er nennt ihn einen »hochgeehrten und hochansehnlichen Mann«, dessen Urteil »von außerordentlichem Scharfsinn zeugt«, erklärt sich zu seinem »beständigen Bewunderer«. Aber anderen Gesprächspartnern gegenüber spricht er von Spinoza als einem »Mann, der sehr tief gefallen ist« und ein »schreckliches« Buch geschrieben hat.

Die gleiche Doppelzüngigkeit gegenüber dem Engländer Hobbes, dem Autor des *Leviathan*. Ab 1670 schreibt Leibniz ihm äußerst schmeichelhafte Briefe, was ihn nicht daran hindert, sich bei anderen Briefpartnern über diesen »monströsen« *Leviathan* zu empören ...

Leibniz, ein Vorbild an Mut und Rechtschaffenheit ...

8.

Über die martialische Sprache und die soldatischen Manieren des Rektors Heidegger lachte jeder, der seine Vergangenheit kannte, denn er hatte nie seinen Wehrdienst abgeleistet.

Während des Krieges von 1914–18 hatte er nicht in Waffen gestanden. Er gab vor, an der großen Schlacht von Verdun teilgenommen zu haben. In Wirklichkeit hatte man ihn in seiner Eigenschaft als Meteorologe in die Ardennen geschickt. Mit Kampfhandlungen war er nie in Berührung gekommen. Gegen Kriegsende wurde er als Theologiestudent nach Freiburg entlassen. Seine Funktion: Postangestellter in der Abteilung Briefzensur.

9.

Schopenhauer fürchtete sich vor Ansteckung. Im Restaurant, im Hotel hatte er stets sein eigenes Glas bei sich. Aus Angst vor Bränden wohnte er nur im ersten Stock. Aus Angst vor Überfällen schlief er ständig mit geladenen Pistolen in Reichweite. Beim Barbier ließ ihn die Vorstellung erzittern, man könnte ihm die Kehle durchschneiden. In Berlin ängstigte er sich vor der Tuberkulose. In Neapel ängstigte er sich vor der Syphilis. In Verona ängstigte er sich vor dem Schnupftabak. Aus Angst vor Indiskretionen versteckte er all seine persönlichen und vertraulichen Papiere. Aus Angst, man könnte seinen wahren Reichtum herausfinden, ließ er seine Buchführung in Latein und Griechisch erstellen. Er fürchtete, lebendig begraben zu werden. Bevor er 1860 im Alter von 72 Jahren starb, rief er aus: »Na also, das haben wir doch gar nicht so schlecht gemacht!«

10.

Weint ein Philosoph? Platon äußert die größte Verachtung gegenüber Tränen und denen, die sie vergießen: »Wir tun recht daran, das Wehklagen nicht berühmten Männern, sondern gewöhnlichen Weibern und feigen Männern zu überlassen.«

Dennoch kennen wir einige Beispiele von klagenden Philosophen. Descartes weint beim Tod seiner kleinen Tochter Francine (»Ich gehöre nicht zu denen, die meinen, Tränen oder Trauer stünden nur den Frauen zu«); Alain weinte bei bestimmten Büchern (»Ich kann nicht lesen, ohne daß mir die Bewunderung oder einfach die Anerkennung für eine Passage [...] gelegentlich Tränen in die Augen treibt.«). Eines Tages, als man ihm einen Text von Platon vorlas (»Oft werde ich von selbst wach, indem ich meinem Körper entfliehe.«), begann Alain zu weinen.

11.

In den fünfziger Jahren hatte Bachelard eine alte Dame zu prüfen. Es ging um die Zulassung von Kandidaten zu Vorlesungen an der Sorbonne, die eigens für Rentner eingerichtet worden waren. Die Dame sagt kein Wort und bricht in Tränen aus. Bachelard, der Philosoph mit dem weißen Bart, der einzige Philosoph, der durch Abtasten eines Briefes dessen Gewicht nennen konnte – er war Landbriefträger gewesen –, Bachelard bricht ebenfalls in Tränen aus. Am Ende dieser stummen »Unterhaltung« wendet er sich an seinen Kollegen Jean Guitton – der die Szene überliefert hat – und sagt: »Wir geben ihr eine Zehneinhalb. Das haben wir alle verdient.«

X
Kritik der sauberen Vernunft

1.

Unsauberkeit gehörte lange zu den Attributen, die man dem Philosophen zuschrieb. Ein äußeres Zeichen von Weisheit – das war sie für Diogenes und die Kyniker, diese Struppigen und Grindigen, die mit ihrem Schmutz die Verachtung der Konventionen zur Schau stellten. Die Konformisten? Sämtlich Saubermänner! Als gesellschaftlicher Parasit duldet der Philosoph auf seiner Haut und in seiner Mähne gern all die kleinen Parasiten der Natur. Die Bäder? Ein weibisches Freizeitvergnügen, das die Seele erweicht. Der Philosoph setzt keinen Fuß hinein. Die Schüler, denen er die Augen öffnen will, müssen sich zunächst einmal die Nase zuhalten. Die spätere Variante des religiösen und klösterlichen Weisen wird immer noch einen starken Geruch von Heiligkeit verströmen. Im dritten Jahrhundert gilt für die Wüstenväter ein einfaches Merkmal: Der Mantel des Eremiten muß drei Tage im Freien liegen können, ohne daß jemand auf die Idee kommt, ihn zu stehlen.

2.

Die Schmutzfinktradition kennt ihre Ausnahmen. Im 17. Jahrhundert erklärt ein Biograph Spinozas, daß er »eine Qualität besaß, die um so höher einzuschätzen ist, als sie sich bei einem Philosophen selten findet: er war außerordentlich sauber«. Aber im 20. Jahrhundert nimmt Sartre diese Kritik der sauberen Vernunft effektvoll wieder auf. Der 1940 einberufene Autor der *Schmutzigen Hände* ist leicht zu erkennen. Seine Unterarme meiden die Seife so sehr, daß seine Kameraden in der Kaserne ihm den Spitznamen »der Mann mit den schwarzen Handschuhen« geben. Und sein Zimmer stinkt.

3.

Der nicht rasierte, nicht gekämmte Bart ist die unentbehrliche Zierde der assimilierten kynischen Philosophen, die von Almosen leben und Passanten beschimpfen. »Nach der Natur zu leben«, das heißt, die Natur bis zum kleinsten Härchen zu respektieren und seine Haut nicht der Schneide des Stahls auszusetzen. Auch Enthaarung kommt nicht in Frage (eine Methode, welche die Römer der Rasur vorzogen). Am Ende der Antike fällt der Bart in Ungnade. Wenn man Marx und Bachelard ausnimmt, war Augustinus der letzte bärtige Philosoph.

4.

Der Schnurrbart dagegen erlebt eine glänzende Karriere. Im 17. Jahrhundert belieben die Philosophen, die allseits gebildete Weltmänner sind, ihn nach der Art von Hobbes zu tragen: »Er rasierte ab, was ein ehrwürdiger Bart hätte sein können, weil er den Eindruck philosophischer Strenge vermeiden wollte (...). Sein rötlich blonder Schnurrbart bog sich ganz natürlich nach oben, was kennzeichnend ist für einen lebhaften Geist«, notiert sein Biograph Austen.

5.

Antisthenes, dem Gründer der kynischen Schule, verdanken wir die Erfindung des Philosophenmantels, ein grobes Stück Stoff, das im Griechischen *tribon*, im Lateinischen *pallium* hieß. Der Mantel war praktisch: man konnte ihn zusammenfalten. Er war mehr als ein Kleidungsstück, nämlich ein Schlafsack, ein regelrechtes tragbares Haus. Übrigens hat er Antisthenes seinen Beinamen eingetragen: »Hund in einfachem Mantel«. Das Gerücht behauptet, die Kyniker hätten alles auf der Straße erledigt, sogar die Liebe. Sicherlich diente ihnen der *tribon* auch als Junggesellenwohnung: So konnten sie ihre besondere Spielart der Philosophie unter dem Mantel betreiben.

6.

Der grobe Philosophenmantel hatte etwas Snobistisches. Ein wenig wie die abgewetzten Jeans von heute: je schäbiger, desto schicker. Antisthenes, der dieses saloppe Gelehrten-Outfit kultivierte, bekam eines Tages von Sokrates zu hören: »An den Löchern in deinem Mantel erkenne ich, was dir dein Ruf wert ist.« Ein paar Jahrhunderte später stellt der Römer Lactantius fest, daß »die Geheimnisse der Philosophie für diese Leute nur in ihrem Bart und ihrem Mantel bestehen«. Die Exzentriker, Beatniks und Ökofreaks des alten Rom entlockten einem gewissen Herodes Atticus nur ein höhnisches Lachen. »Ich sehe einen Bart und einen Mantel, aber einen Philosophen sehe ich nicht«, spottete er.

7.

In der Abteilung Stoffe ist noch der bemerkenswerte Fall des Aristippos zu erwähnen, eines Schülers von Antisthenes, der sich in Sachen Mantel überhaupt nicht von seinem Meister inspirieren ließ. Er prunkte mit dem *chlamys*, einem Gewand aus feiner Wolle, das Frauen und ein paar Männer mit raffiniertem Geschmack trugen. Sollte man sich darüber entrüsten? Aristippos hatte eine schlichte Losung, die seine Philosophie zusammenfaßte: Er wollte »sich überall wohl fühlen«, sowohl bei den Reichen – er war der erste, der ihnen für seine philosophischen Ratschläge Geld abverlangte – als auch bei den Armen. Das Geheimnis seiner Philosophie? Er paßte sich den Umständen an und konnte so, je nachdem, den *chlamys* der Reichen oder den *tribon* der Armen tragen.

8.

1768 besucht Grimm seinen Freund Diderot in dessen Kabinett in der Rue Taranne. Er trifft ihn in einem neuen prachtvollen Schlafrock an und neckt ihn wegen dieser Luxusausgabe. Ein paar Tage später schreibt Diderot *Trauer um meinen alten Schlafrock*: »Warum habe ich ihn nicht behalten? Meine Freunde, fürchtet die schädlichen Folgen des Reichtums! Mein Beispiel soll euch eine Lehre sein! (...) Oh, Diogenes, wenn du deinen Schüler im prächtigen Gewand des Aristippos sehen könntest, wie würdest du lachen!«

Die Verbürgerlichung des Philosophen beginnt mit dem Schlafrock.

9.

1762 legen Kants Freunde zusammen, um ihm einen neuen Frack zu kaufen. Der Philosoph war damals nur Privatdozent, das heißt, er wurde von seinen Schülern bezahlt, nicht von der Universität. Um seinen Lebensunterhalt zu bestreiten, war er auf die Gelder angewiesen, die seine Studenten – darunter arme Schlucker, schlechte Zahler oder auch von anderen Kollegen empfohlene – ihm zugestanden ... Ein harter Job! Während er die Hirne aufpolierte, wetzte sich sein Anzug ab. Sein Ruf festigte sich, aber sein Frack franste aus. Daher die Initiative seiner Bewunderer ... Doch Kant war auf seine Unabhängigkeit bedacht und lehnte ab. Er wartete, bis sich seine Finanzlage verbesserte, um sich im Alter von sechzig Jahren mit neuer Garderobe auszustatten. Und er holte die verlorene Zeit tatsächlich auf, denn bald gab man ihm den Beinamen »der galante Magister«.

10.

1762, bei einem Aufenthalt in der Schweiz, in Môtiers-Travers, beschließt Rousseau, sich von seiner alten Kleidung zu trennen und den »armenischen Frack« anzulegen: einen langen Mantel, der ihm bis zu den Füßen reicht, und eine Pelzmütze. Vom Berner Parlament aus Yverdon ausgewiesen, als Feind der Religion betrachtet, gilt er den Dörflern von Môtiers bereits bei seiner Ankunft als bestgehaßter Mann. Der örtliche Pastor sorgt mit einigen wohlgezielten Predigten dafür, daß sich die Spannung von Monat zu Monat steigert. Das neue Gewand macht es auch nicht besser. Ein »Armenier«! ... Oder rundheraus gesagt: eine Spielart des Juden. Genau das demonstriert Rousseau mit seinem Anzug: Er ist der Verfolgte, der Heimatlose, der ewige Verbannte. Wer wollte es wagen, ihn anzugreifen? Die Antwort läßt nicht auf sich warten. Sie erfolgt in Form von Steinen, die während einer Septembernacht des Jahres 1765 in dichtem Hagel gegen die Fensterläden des Philosophen prasseln. Ein Philosoph, eine Steinigung ... Welch unvermittelte Unruhe in diesem tiefsten Winkel der Schweiz! Im Morgengrauen des nächsten Tages packt Rousseau seine Koffer und bricht auf in einen anderen Kanton. Er nimmt übrigens nur sein Gepäck mit. Seine Gefährtin Thérèse läßt er entschlossen zurück. Soll sie sehen, wie sie mit dem bäuerlichen Zorn fertig wird.

Zur Rechtfertigung seines extravaganten Aufzuges macht er später medizinische Gründe geltend: seine Blasenbeschwerden, die ihn zwängen, mit Hilfe von Sonden zu urinieren. Ein nicht recht überzeugendes Argument ... Außerdem bekennt er, sich in dieser Verkleidung »fast zu drei Vierteln als Frau« zu fühlen. Die ungewöhnliche Kleidung bot wahrhaftig nur Vorteile: »Jude«, krank, Frau. Damit war Rousseau ideal ausgestattet, um in jeder Hinsicht als Schwacher, als Opfer dazustehen.

XI
Große Seele, kleines Gemächt

1.

Soll man Gymnastik oder Philosophie betreiben? In *Die Wolken* warnt Aristophanes einen jungen Athener. Die Philosophie ruiniere die Gesundheit: »Dann wird dein Gesicht bleichsüchtig und gelb/Deine Schultern gedrückt und schmächtig die Brust/Deine Zunge wird lang, weitoffen dein Maul/Und groß dein Gemächt, und klein dein Gesäß!« Dagegen empfiehlt er ihm, was man noch nicht Sport nannte: »Wenn du also wirst tun, wie mein Wort es dich lehrt/Wenn du eifrig es hörst und zu Herzen es nimmst/Dann wird dir zum Lohn eine kräftige Brust/Ein blühend Gesicht, breitschultriger Wuchs/Und die Zunge hübsch kurz, und ein mächtig Gesäß/Und ein mäßig Gemächt!«

2.

Sieht man von Senecas Selbstmord ab, so war seine politische Karriere nicht immer seiner Gesundheit abträglich. Acht Jahre lang lernte er im Exil die einfache Kost Korsikas kennen. Allerdings war ihm das Mittelmeerklima nicht fremd. Seneca war »Spanier« oder genauer Latiner aus Córdoba. Diese einflußreiche Persönlichkeit des römischen Imperiums, ein steinreicher Mann, kümmerte sich stets aktiv um die eigene Gesundheit. Er übte sich im Gewichtheben, in Weit- und Hochsprung, im Auf-der-Stelle-Hüpfen. Er nahm kalte Bäder bei sich zu Hause oder im Winter in den eiskalten Flüssen. Beim Laufen diente ihm ein Sklave als Trainer. Als er etwa dreiundsechzig war, beschwerte er sich, daß dieser, ein junger Mann, etwas zu schnell lief.

3.

Plotin suchte nicht gern die Bäder auf. Er ließ sich lieber jeden Tag zu Hause massieren. Als eine Pestepidemie seine Masseure dahingerafft hatte, verzichtete er auf diese Entspannung. Aber im Gegensatz zu seinen Mitbürgern entschied er sich nicht dafür, den Gang in die Thermen wieder anzutreten. Sie waren ihm zu heiß und der Meditation wenig dienlich (nach dem damaligen Zeitgeschmack baute man sie immer gigantischer aus). Kann man sich einen Sartre vorstellen, der im August in Pavalas-les-Flots auftaucht?

4.

Der sportliche Hobbes vergaß nie, seine Stimmbänder zu trainieren. Des Nachts sperrte er seine Schlafzimmertür zweimal ab und legte sich ins Bett. Sobald er sicher war, daß niemand ihn hören konnte, begann er lauthals zu singen. Er hatte keine schöne Stimme, aber er war überzeugt, daß diese Übung der Gesundheit außerordentlich dienlich war.

5.

Marsilio Ficino (1433–1499) sang ebenfalls, aber aus anderen Gründen. Laut einer von Pythagoras überlieferten Tradition glaubte er, die himmlischen Sphären drehten sich um sich selbst und produzierten dabei eine wunderbare Musik, bei der sich jeder Planet wie eine Note in die gewaltige Partitur der himmlischen Bahnen einfügte. Um mit der göttlichen Harmonie des Universums in Verbindung zu treten, brauchte man nur diese Noten zu erzeugen. Also griff Marsilio Ficino zu seiner Leier, zupfte sie recht philosophisch und sang dazu sogenannte »orphische« Hymnen, die Sonne, Jupiter und Venus anriefen und den Einfluß der Sterne auf die Seele des Philosophen lenkten. Es war die Zeit, in der eine falsche Note schwere metaphysische Konsequenzen haben konnte.

6.

Schopenhauer glaubte an die Tugenden des »animalischen Magnetismus«, jenes geheimnisvollen Fluidums, das so manche Pariserin zutiefst aufwühlte bei den berühmten Sitzungen, die der Österreicher Mesmer kurz vor der Französischen Revolution in Paris organisierte. Die Methode war spektakulär. Der Magnetiseur übertrug sein »Fluidum« auf eine wassergefüllte Wanne, aus der mehrere Eisenstangen hervorragten. Die Patienten saßen um die Wanne herum und verbanden ihren kranken Körperteil mittels einer Schnur mit einer dieser Stangen.

Um den Vorwurf der Scharlatanerie zu entkräften, übernahm Schopenhauer 1854 in Frankfurt die Verteidigung eines italienischen Magnetiseurs namens Regazzoni. Als der Franzose Brunet auf Durchreise in eben dieser Stadt weilte, leistete sich Schopenhauer fünf halbstündige Sitzungen, um sein linkes Ohr »magnetisieren« zu lassen. Aber der Schmerz legte sich nicht. Davon ließ sich der Philosoph jedoch nicht entmutigen. Wie fast alle großen Geister seiner Zeit glaubte er an Telepathie, an Hellseherei, an Träume als Vorboten von Krankheiten, an Tischrücken, an Erscheinungen von Lebenden und Toten, an Ektoplasmen und an Poltergeister. Als sein heißgeliebter Hund Atma eine kranke Vorderpfote hatte, brachte Schopenhauer ihn zu einem gewissen Dubourg, der das Tier achtmal magnetisierte. Vergeblich: Atma humpelte immer noch. »Ich bin untröstlich!« rief Schopenhauer aus.

7.

Die Seele, jenes Organ, das heute als immateriell betrachtet wird, hatte von alters her bestimmte Ausdehnungen. Ihre Größe nennt sich Großmut (*magnus animus* auf Latein und *megalopsychia* auf Griechisch). Aristoteles macht daraus die charakteristische Tugend des Philosophen. Im Gegensatz dazu steht Kleinmut (*pusillus animus, pusillus*: sehr klein), das heißt Engstirnigkeit, Feigheit, Zaghaftigkeit und damit Verkennung der eigenen Größe. Will man den Philosophen des 18. Jahrhunderts definieren, diesen weltlichen Intellektuellen, der immer noch gläubig ist, aber die Gewänder des Theologen abgestreift hat, könnte man seine Haupttugend Großmut nennen. Sie faßt die charakterlichen Qualitäten des Philosophen zusammen: Energie, Begeisterungsfähigkeit, Vertrauen in sich selbst und in die Menschen.

8.

Erwähnen wir als zusätzliche Qualität die Langmut (*lungus animus*), das heißt die Länge der Seele, eine kostbare Eigenschaft, die darin besteht, so lange wie möglich geduldig zu bleiben und einen Wutausbruch zu vermeiden. Dahin gelangt man dank der Nasenflügel. In der Bibel wird der Mensch, der schnell bereit ist, wütend zu werden als derjenige beschrieben, der kurze Nasenflügel (oder einen kurzen Atem) hat. Daraus ist zu folgern, daß der Langmütige, also der Weise, lange Nasenflügel hat.

XII
Hobbes' Spazierstock

1.

Neben dem Mantel besteht das Zubehör des Philosophen ohne festen Wohnsitz aus Quersack und Stock. Letzterer verjagt die Hunde, räumt die Schlangen in der Wüste beiseite, treibt den Esel an und kann sogar, von einem Heiligen gehandhabt, durch einfache Berührung einen Toten erwecken.

2.

Hobbes (1588–1679) unternahm keinen Spaziergang ohne Spezialausrüstung. Er hatte sich einen Stock anfertigen lassen, dessen Knauf einen Federhalter und ein Tintenfaß aus Horn enthielt. Er hatte stets ein Notizbuch in der Tasche, und sobald ihm ein Gedanke kam, schrieb er ihn auf.

So bedeutete der Stock des Philosophen im 17. Jahrhundert einen entscheidenden technologischen Sprung.

3.

Bis zum Alter von vierzig Jahren war Hobbes von schwacher Gesundheit, danach fühlte er sich frisch und munter. Unter den Philosophen hält er übrigens den Rekord an Langlebigkeit: einundneunzig Jahre. Er war sehr sportlich, der Sportlichste in der gesamten Philosophiegeschichte. Neben den täglichen Spaziergängen spielte er gelegentlich Tennis (bis zum Alter von fünfundsiebzig Jahren). Wenn er kein geeignetes Gelände zur Verfügung hatte, trainierte er an den Hängen eines Hügels. Danach streckte er sich auf dem Bett aus und ließ sich gegen zusätzliche Bezahlung von seinem Diener massieren. Hat Hobbes dieses kanonische Alter durch den Sport erreicht? Vielleicht wäre er ohne seine Übungen älter als einundneunzig geworden.

4.

Aristoteles liebte es umherzugehen, nicht allein, sondern umringt von einer Schülerschar in einem Haus, dem Lykeion. Er war ein Peripatetiker (vom griechischen *peripatein*: »plaudernd spazierengehen«). Man muß sich die Szene vorstellen. Am Ende eines Ganges angekommen, treten die Schüler beiseite, damit der Meister kehrtmachen und in der anderen Richtung zurückgehen kann. Über den Köpfen der Himmel, zumindest ein Stück vom Himmel, vom Dach angeschnitten. Weder Abgeschiedenheit noch Zersplitterung: man ist draußen und gleichzeitig drinnen, offen für die Welt, ohne von ihr absorbiert zu werden, wie in den Kreuzgängen der Klöster. Der Schritt regelt das Tempo der Gedanken. Diese Art der Prozession erzeugt eine würdevolle und professorale Aura, die Aristoteles-Aura, die Aura eines Professors, der langsam und schulmeisterlich vorangeht. Er sagt: »Die betrachtende Tätigkeit des Geistes zeichnet sich offenbar durch ihren Ernst aus (Aristoteles geht weiter). Sie verfolgt kein außer ihr liegendes Ziel und trägt eine ihr eigentümliche Lust in sich, die ihr noch eine gesteigerte Kraft verleiht. So zeigt sich denn (er schreitet weiter voran), daß mit dieser Tätigkeit die Selbständigkeit, die Muße, die Freiheit von Ermüdung, soweit diese dem Menschen erreichbar ist, und was man sonst noch dem Glücklichen an Vorzügen beilegt, verbunden ist.« Doch nun ein Einwand (»aber«), der Schritt wird langsamer, der Satz wird kürzer und markiert eine Zäsur: »Ein solches Leben wäre aber wohl höherer Art, als es dem Menschen gemäß ist, und er wird es deshalb auch nicht führen können, insofern er Mensch ist, sondern nur, insofern er etwas Göttliches in sich trägt.« Der Einwand ist gemacht, der Meister und die Gedanken nehmen ihren Weg wieder auf. »Wenn also der Geist im Verhältnis zum Menschen etwas Göttliches ist, so ist es auch das Leben im Geist im Verhältnis zum menschlichen Leben.«

Man sieht, wie schwergewichtig und langsam Aristoteles seine Schritte entwickelt. Der Mann hat eine Truppe im Schlepptau, er muß seine Gedanken artikulieren, sein Tempo einteilen. Keine unvermittelten Beschleunigungen. Jeder muß ihm folgen können, selbst das Schlußlicht des Zuges. Soll man diejenigen bedauern, die nur Fetzen aufschnappen, weil sie zu weit entfernt sind? Nein, sie erfassen die Unterbrechungen, die Wiederholungen, die Kapriolen eines sich entwickelnden Gedankens. Sie nehmen den Rhythmus des Stückes wahr, dessen Worte sie nicht verstehen. Das ist besser als nichts, es ist ein Anfang. Wenn sie nicht unterwegs aufgeben, können diese Nachzügler später immer noch von ihren Ellenbogen Gebrauch machen, um den Meister einzuholen und in die höheren Gefilde der Philosophie vorzudringen.

5.

Während seines berühmten täglichen Spaziergangs tat Kant nie den Mund auf. Er war der Ansicht, das Einatmen frischer Luft durch den Mund führe zu rheumatischen Schmerzen. Daraus schloß er, daß Reden beim Gehen der Gesundheit abträglich sei. Damit er auch ganz sicher nur durch die Nase atmete, ging er folgerichtig stets allein spazieren.

6.

Während des Winters 1887/88 geht Nietzsche in Nizza jeden Morgen mindestens eine Stunde und nachmittags durchschnittlich drei Stunden spazieren, in schnellem Tempo und Tag für Tag die gleiche Strecke. Von Zeit zu Zeit bleibt er stehen, um das Meer zu betrachten oder den Golf, wenn er in Genua ist, oder die Berge des Engadin in Sils Maria. Keine Beständigkeit, keine Regelmäßigkeit, der Gang seiner Gedanken folgt den Zufälligkeiten des Geländes, der schnelle, entschlossene Schritt gliedert seine nervösen Sätze. Kein Geleitzug, kein Gefolge, keine Schüler wie bei Aristoteles. Denken heißt allein voranschreiten, seinen Weg finden, Abkürzungen nehmen, Fährten eröffnen, Standorte erweitern, sich vor Gemeinplätzen hüten, ausgetretene Pfade und Trivialitäten meiden, die etymologisch gesehen »Gedanken an einer Kreuzung« sind, denn *trivius* bedeutet in Latein »Kreuzung dreier Wege«.

XIII
Die Wanne des Aristoteles

1.

Aristoteles, der ein unermüdlicher Arbeiter war, hatte einen Weg gefunden, während des Denkens nicht einzuschlafen. Nach Diogenes Laertios nahm er eine Bronzekugel in die Hand und stellte darunter eine Wanne, damit er aufschreckte, sobald die Kugel mit Getöse in die Wanne fiel.

2.

Bei der Sekte der Pythagoreer schlief man nicht ein, bevor man eine »Bewußtseinsprüfung« vorgenommen hatte. Sie bestand darin, alle Tätigkeiten des Tages von der ersten bis zur letzten aufzuzählen, ohne eine auszulassen. Auf diese Weise wollten die Pythagoreer das Gedächtnis stärken wie einen Muskel, den man täglich trainiert. Denn sie glaubten an die Reinkarnation, und das Gedächtnis war für sie der Königsweg, zu früheren Leben vorzustoßen – vorzugsweise abends.

3.

Über Pythagoras waren zahlreiche Gerüchte in Umlauf. Es hieß, er brauche nur seine *prapides* anzuspannen, um mühelos und klar Einblick in zehn seiner früheren Leben nehmen zu können. Was also waren die *prapides*? Dieses griechische Wort bedeutete »Verstand«, aber auch »Zwerchfell«. Durch Anspannung dieser Muskelmembran, das heißt wahrscheinlich mittels einer bestimmten Atemmethode, hätten sich Pythagoras und seine Schüler demnach in eine Ekstase versetzt, die sie aus der Gegenwart heraus in frühere Leben führte. Zum Denken mußte man nicht seinen »Grips«, sondern seine Eingeweide anstrengen. Seit damals steht Atemtechnik nicht mehr auf dem Philosophielehrplan.

4.

Kants Einschlafritual ist der Bekanntgabe wert. Zunächst setzte er sich auf die Bettkante, dann warf er sich mit einem leichten Hüftschwung schräg nach hinten auf seinen Platz. Sobald er ausgestreckt war, schob er einen Zipfel der Bettdecke unter seiner linken Schulter hindurch über den Rücken bis zur rechten Schulter. Das gleiche Manöver unternahm er mit dem anderen Zipfel, so daß er schließlich vollkommen eingewickelt war, bandagiert wie eine Mumie. In dieser Position brauchte er nur noch auf den Schlaf zu warten, der sich für gewöhnlich rasch einstellte. Wenn es einmal länger dauerte, sagte Kant mehrmals »Cicero« vor sich hin: diese drei Silben hatten eine einschläfernde Wirkung auf ihn.

5.

Kant hatte zwischen seinem Bettende und dem Nebenzimmer, in dem sein Nachttopf stand, ein Seil gespannt. Auf diese Weise mußte er, wenn ihn ein menschliches Bedürfnis überkam, weder eine Kerze entzünden noch sich zum stillen Örtchen vortasten. Er brauchte nur nach dem Seil zu greifen, um gefahrlos seinen Weg durch die Dunkelheit zu finden.

XIV
Eine Gattung von Illuminaten

1.

Zur Ausstattung des Philosophen sollte neben einem feurigen, großmütigen Temperament Genie gehören. Echtes Genie, nicht ein Übermaß an Hirnsubstanz, gottgleiche Intelligenz oder ein neumodischer und zweifelhafter »Intelligenzquotient«, sondern ein solides Genie antiker Bauart, in Jahrhunderten bewährt, einhellig anerkannt, seit die Menschen der Philosophie nachgehen, kurz gesagt: ein *daimon*. Dieser (gute) »Dämon« ist nichts anderes als eine beratende, warnende Stimme, die den rechten Weg weist, wenn der Denker unentschlossen am Scheideweg steht. Das Genie schwebt in den Lüften, es ist ein Wesen außerhalb des Individuums, das es ein wenig überragt. Ein wenig, nicht viel ... Man könnte es kleine Transzendenz nennen, auf Schulterhöhe, auf menschlicher Ebene, der Ebene der Schutzengel, nicht der des höchsten Wesens oder des obersten Prinzips. Ein Aberglaube, eine »Superstition«? Wenn man so will. Denn dieses Wort bezeichnet das »Darüberstehen« (*superstare*). In Rom hatte jeder echte Bürger seinen *genius*, das Äquivalent des *daimon**.

* Für die Frauen, zumindest für solche, die verheiratet waren, hatten die Römer einen Schutzgeist, die *Juno* (nach dem Namen der Göttin *Juno*).

2.

Sokrates, der Athener, hatte seinen *daimon*, der ihn in kritischen Momenten beriet, eine innere Stimme, die ihm sagte: »Tu dies, tu das nicht« – was ihm einigen Ärger eintrug. Während seines Prozesses beschuldigte man ihn, neuen Göttern zu gehorchen. Tatsächlich war dieser persönliche *daimon* im offiziellen Katalog der griechischen Religion nicht aufgeführt.

Aber man vergißt leicht, daß Sokrates nicht als einziger mit einem solchen Genie ausgestattet war. Auch Descartes hatte seinen *daimon*. Und Nietzsche – so akademisch und rationalistisch er auch war – hörte eines schönen Tages im August 1881 eine äußerst merkwürdige Stimme.

3.

Bei einem seiner täglichen Spaziergänge in den Graubündner Alpen, der entlang dem Silsersee nach Silvaplana und in das Örtchen Surlei führte, wo ein großer pyramidenförmiger Felsen über den See vorspringt, hatte Nietzsche eine Erleuchtung. *Die ewige Wiederkehr* ... ja, man muß das Leben so sehr lieben, daß man es für alle Zeiten noch einmal durchleben kann, durchleben will, einschließlich seiner Schattenseiten. Diese Offenbarung vollzieht sich nicht über das Auge, sondern über das Ohr. Eine Stimme spricht zu Nietzsche. Ist es die Stimme eines Erwachsenen, einer Frau, eines Kindes? Was sagt sie ihm? Der ehemalige Professor hat sich einen letzten Rest Schamgefühl bewahrt, die Einzelheiten dieser Szene schildert er nicht. »Plötzlich wird etwas sichtbar, hörbar (merkwürdigerweise zögert Nietzsche bei dem betroffenen Organ, Auge oder Ohr) mit unsäglicher Sicherheit und Feinheit (...), etwas, das einen im Tiefsten erschüttert und umwirft (...) Man hört, man sucht nicht, man nimmt, man fragt nicht, wer da gibt (...) Die Unfreiwilligkeit des Bildes, des Gleichnisses ist das Merkwürdigste; man hat keinen Begriff mehr, was Bild, was Gleichnis ist, alles bietet sich als der nächste, der richtigste, der einfache Ausdruck.«

Nietzsche hatte überhaupt keine Neigung zum Okkultismus. Aber es gibt hitzige Anwandlungen, die zugleich Geistesblitze sind. Interessant ist nicht der ruhige Fluß einer wohlgeordneten Meditation, sondern die Krise, der Bruch, der Absturz eines nicht mehr haltbaren Gedankens. Denn nur über das, was man als »Ekstase«, »Depression«, »Delirium«, »Enthusiasmus« bezeichnet, kann eine neue, verrückte Idee, eine Jahrhundertidee, einen Weg eröffnen, der herkömmliche Denkgewohnheiten durchbricht.

4.

Am 10. November 1619, dem Volksfeiertag Sankt Martin, befindet sich der dreiundzwanzigjährige Descartes in der Gegend um Ulm. Er betritt sein beheiztes Zimmer – seine »Ofenstube« –, ein Zimmer mit einer gekachelten Ecke ohne sichtbares Feuer, von außen durch Diener beheizt. Der Vorfahre der Zentralheizung, Luxus eines Edelmannes ... Descartes ist sehr erregt, ein Zustand, der, wie sein frommer Biograph Baillet versichert, nichts mit dem deutschen Wein zu tun hat. Das kann stimmen, denn an diesem Abend hat der Chevalier einen leichten Schlaf. Er hat drei Träume, die er aufschreibt. Wenige Philosophen haben ihre Träume notiert und sich dessen gerühmt. Als Maxime Leroy sie 1929 Freud zukommen läßt, weigert sich dieser, sie zu deuten, weil sie nicht aus erster Hand sind. Ihre Abschrift geht auf Baillet zurück, der beteuert, sie in einem heute verschollenen Werk gefunden zu haben, in *Olympia*.

Im ersten Traum geht Descartes mühsam gegen den Wind an. Er hat Schmerzen in der rechten Seite, er sucht Schutz in der Kapelle eines Kollegs. Im zweiten wird er Zeuge eines gewaltigen Donnerschlags, ein Regen von Feuerfunken blendet ihn. Im dritten geht es friedlicher zu. Ein Gedichtband wird vor seinen Augen an einer Stelle aufgeschlagen, an der er lesen kann: *Quod vitae sectabor iter?* (Welchen Lebensweg soll ich einschlagen?) Descartes hat diese Träume selbst gedeutet. Sie zeigen den richtigen Weg an: Gib die alte Lebensweise auf und widme dich der Suche nach der Wahrheit.

5.

Es handelt sich eher um »Offenbarungen« als um Träume, nämlich um Geschichten, denen ein großer Teil Konvention anhaftet. Im 17. Jahrhundert ist der Traum, der dem Denker den Weg offenbart, ein allgemeines Thema. Man ist weit davon entfernt, Träume gleich beim Erwachen »brühwarm« als Rohmaterial für eine Analyse in einem Tagebuch zu notieren. Aber so, wie sie sind, ist ihre Botschaft klar: Man wird Philosoph durch Inspiration, durch Erleuchtung, durch Bekehrung, indem man die Gabe einer Kraft, die Neubelebung einer Energie akzeptiert, indem man irgendwo ausschöpft, was Descartes »Entschlußkraft« nannte (»mit Selbstsicherheit durchs Leben gehen«). Irgendwo, aber wo? In sich, im »Grunde« seiner selbst, in dem, was unser Jahrhundert als das »Unbewußte« bezeichnet? Nein, außerhalb seiner selbst, in der mysteriösen Gegenwart des *daimon* oder *genius* unserer heidnischen Vorfahren. Anders gesagt, man wird nicht aus eigener Kraft Philosoph.

6.

Eines schönen Tages im Oktober 1749 spaziert Rousseau über die Straße zum Fort von Vincennes. Er will seinem inhaftierten Freund Diderot einen Besuch abstatten. Es ist sehr warm, und weil weit und breit kaum Schatten ist, beschließt Rousseau, das Tempo zu drosseln. »Erschöpft von Hitze und Müdigkeit«, geht er langsam weiter und liest dabei den *Mercure de France*. Plötzlich bleibt sein Blick an einer Frage hängen, die von der Akademie der Wissenschaften und schönen Literatur in Dijon zum Wettbewerb ausgeschrieben wurde: »Hat der Aufschwung der Wissenschaften und der Künste zur Korrumpierung oder zur Verfeinerung der Sitten beigetragen?« Das ist die Erleuchtung. »Beim Anblick dieses Satzes erlebe ich ein anderes Universum und werde ein anderer Mensch.« Das heißt, er wird Denker, dessen ist er sich plötzlich sicher. Er bleibt unter einer Eiche stehen, schreibt mit dem Bleistift den Beginn seines *Discours* (der den ersten Preis erhalten wird) und trifft bei Diderot »in einer Erregung« ein, »die dem Wahnsinn nahe war«. Wie in Sils Maria, wie in Descartes' »Ofenstube« war es sehr warm. Drei Hitzschläge, drei Geniestreiche ...

7.

Diese Strecke nach Vincennes ist vergleichbar mit dem Weg nach Damaskus, auf dem Paulus bekehrt wurde. Das geschah gegen Mittag. Eine Stimme, ein großes Leuchten am Himmel ... Er und seine Gefährten stürzen zu Boden. Auch dort Sonnenglut ... Ersetzen wir Damaskus durch Vincennes, Gott durch Weisheit, Religion durch Philosophie, und wir haben das gleiche Szenario, das gleiche Bekehrungsmotiv, das sich mit seinen Variationen durch die Jahrhunderte zieht.

8.

Nehmen Sie Augustinus in der berühmten Szene im Garten von Mailand. Aufgewühlt durch die Geschichte von einem

Rückzug in die Wüste, läßt er sich unter einem Feigenbaum nieder. Eine Stimme sagt zu ihm: »Lies!« Er nimmt ein Buch des Paulus und schlägt es auf. Die ersten Worte, die ihm ins Auge springen, lauten: »Nicht in Fressen und Saufen, nicht in Kammern und Unzucht, nicht in Hader und Neid ...« Und schon ist er zur katholischen Weisheit bekehrt und verkündet die gute Nachricht unverzüglich seiner frommen Mutter (Augustinus tat nichts, ohne seine Mutter zu verständigen). Aber das Motiv des aufgeschlagenen Buchs findet sich – verfolgt man die Jahrhunderte – im dritten Traum des Descartes wieder. Was Rousseau betrifft, so kannte er natürlich Augustinus, von dem er sogar seinen Titel entlehnt hat: die *Bekenntnisse*.

9.

Jeder Philosoph, der diesen Namen verdiente, war es sich einst schuldig, eine Erschütterung, einen Riß, eine innere Feuersbrunst an sich selbst erfahren zu haben: alles in allem das Äquivalent unserer Diplome. Rousseau sagt nicht: Ich habe mein Diplom, sondern: Auch ich bin erleuchtet worden, auch ich habe meinen Garten von Mailand, mein Damaskuserlebnis gehabt. Und er erzählt von seinem Weg nach Vincennes. Kann man sich einen Sartre vorstellen, der berichtet, der Existentialismus habe sich ihm auf dem Weg nach Saint-Germain-des-Prés offenbart? Die erleuchteten Philosophen haben ausgedient. Der moderne Akademismus hat keinen Ersatz für den Enthusiasmus hervorgebracht. Die alten Philosophen hatten eine Bestimmung, die modernen haben eine Laufbahn. Wo sind ihre Genieblitze, ihre Hitzschläge? Sie sind zu Kaltblütern geworden.

10.

Ein Genie zu sein bedeutet nicht nur, geniale Ideen zu haben; man muß sich auch das Recht geben, sie zu entfalten, muß sich selbst gestatten, wie niemand sonst zu denken, muß sich von denen entfernen, die uns zu denken lehrten: unsere Väter. Der Beruf des Philosophen vererbt sich nicht vom Vater auf den Sohn. Wer diesem Weg folgt, der bricht mit seinem Stamm, ist nicht Schneidwarenfabrikant in Langres (Diderot), Beamter in Poitiers (Descartes), Grundherr in Pallet (Abélard), Pastor in Röcken (Nietzsche), Kirchendiener in Meßkirch (Heidegger). Er pfeift auf den Familiensinn, sucht sich eine neue Verwandtschaft, einen anderen Vater.

11.

Erleuchtung, Enthusiasmus, Hitzschlag – wer ist dabei, wer spricht da? Man kann darauf wetten, daß es eine väterliche Stimme ist, die Stimme eines Vaters, der nicht mehr bedrohlich ist, sondern im Gegenteil den neuen Pfad abseits des von den Vorvätern abgesteckten Weges bejaht.

12.

Der dieser Offenbarung beraubte Philosoph bleibt zeit seines Lebens ein Kind, das furchtsam vor neuen Ideen zurückweicht, sich nicht löst von der Autorität des Textes, von den Rockschößen der Tradition und Worte nachplappert, die nicht seine eigenen sind – die Worte der »großen« Autoren, die es wie besessen zitiert und kommentiert, eingeschüchtert von dem ungeheuren Risiko eines selbst zu schmiedenden Geschickes, das da hieße: ein Philosophenleben.

13.

Nietzsches Schwester Elisabeth Förster war Spezialistin für erlogene Todesursachen. Sie behauptete, ihr Bruder Friedrich sei an »Überanstrengung« und ihr Mann Bernhard an einem Tropenfieber gestorben (obwohl letzterer, von seinen paraguayischen Abenteuern aufgerieben, sich das Leben nahm). Sie erzählte auch, ihr Vater sei einem bösen Sturz erlegen.

Der Sohn hat sein Leben lang geglaubt, sein Vater sei an Syphilis gestorben. Der Nachweis, ob diese Infektion tatsächlich bestand, ist nicht zu führen. Aber der wesentliche Punkt ist, daß Nietzsche davon überzeugt war. Seine Schwierigkeiten mit der Akzeptanz seiner Vorfahren sind in den angeblich »polnischen« – und aristokratischen – Ursprüngen zu sehen, die er sich selbst ausgedacht hat.

14.

Wo keine Wahrheit war, konnte das Gespenst des Vaters nur umhergeistern und diesen allzu phantasiebegabten Kindern viel Kummer bereiten. Ein Toter, mit einer Lüge notdürftig bestattet, bekommt zu guter Letzt stets den Sargdeckel wieder auf. Und wo geht er hin? Nietzsche hätte es gern gewußt, anstatt das gähnende Loch zu betrachten, das dieser unmögliche Vater hinterließ: ein vermutlich syphilitischer Pastor.

Um den freigewordenen Platz zu besetzen, suchte er in Richard Wagner einen neuen, einen wahren und ruhmreichen Vater. Aber ach! Die Idylle dauerte nur ein paar Monate. Über Nietzsche, der in allem sein Schüler sein wollte, auch auf dem Gebiet der Musik, verhängte der Kastrierer Wagner furchtbare Urteile, die im wesentlichen besagten: Ihre musikalischen Kompositionen sind gleich Null, Ihr vehementer Einsatz für Wagner interessiert mich nicht, Ihre philologischen Werke sind wertlos. Nicht zu vergessen: Cosima, in die Sie verliebt sind, gehört mir. Resümee der Prophezeiung: Dieser junge Mann taugt nichts und wird es zu nichts bringen. Und schon ist Nietzsche, der verwünschte Sohn, vertrieben aus dem Paradies von Tribschen, der Residenz der Wagners, und verbringt den Rest seines Lebens damit, gegen diesen Fluch anzukämpfen. Wie sehr er Wagner auch schmähte, in gehässigen Büchern verriß und ihn verwünschte, wie sehr er sein Idol auch mit den Füßen trat, von dieser verwundeten Bruderliebe konnte er sich nicht befreien, ebensowenig wie von der verdrängten Liebe zu Cosima.

15.

Als gehorsamer Sohn machte Nietzsche die Prophezeiung wahr: er scheiterte. All seine Bücher waren kommerzielle Reinfälle. Kein Erfolg, keine Anerkennung. Man hat gesagt, diese mangelnde Resonanz habe letztlich zu Nietzsches Wahnsinn geführt. Aber im letzten Jahr seines intellektuellen Lebens haben Taine in Paris und Brandes in Kopenhagen lobende Artikel über ihn veröffentlicht. Nietzsche war zu sehr hinter Kritiken her, als daß ihm dieses Rauschen im Blätterwald entgangen sein könnte. Europa begann sich für ihn zu interessieren. Und genau in diesem Moment wurde er wahnsinnig. Statt immer wieder zu sagen: »Nietzsche ist gestorben, weil er keinerlei Erfolg hatte«, sollte man lieber zur Kenntnis nehmen, daß er »starb«, als sich die ersten Anzeichen des Erfolgs einstellten. Die Moral für den verwünschten Sohn: Erfolg ist gut, Scheitern ist besser.

16.

Als Joachim Descartes, der Vater von René, den *Discours de la méthode* entgegennahm, machte er keine Anstrengungen,

Freude zu heucheln. »Da taugt mein Sohn also gerade dazu, sich in Kalbsleder einbinden zu lassen.« Ob dieser Beamte aus dem Poitou je eine Zeile daraus gelesen hat? Wahrscheinlich nicht. Die Karriere seines jüngsten Sohnes interessierte ihn nicht. Descartes zahlte es ihm ordentlich heim. Beim Tod Joachims verließ er Holland nicht. Auch nahm er weder an der Hochzeit seiner Schwester noch an der seines Bruders teil. Er besaß keinen Familiengeist. Er dachte nicht im Schatten seines Vaters. Er steuerte einen anderen Kurs. Der Weg war frei.

17.

Kant hat nie eine Stimme vernommen, er kannte weder Erleuchtung noch Vision, noch Hitzschlag, noch mystische Nacht, kein *daimon* hat ihn je besessen, er durchlebte keinerlei Anfall von Enthusiasmus, und die Melancholie als Berufskrankheit derer, die zuviel denken, war ihm fremd. Nur auf seine Gesundheit bedacht, war er nach eigenem Eingeständnis ein Hypochonder, dessen höchstes Ziel darin bestand, am Leben zu bleiben: »Ich habe wegen meiner flachen und engen Brust, die für die Bewegung des Herzens und der Lunge wenig Spielraum läßt, eine natürliche Anlage zur Hypochondrie, welche in früheren Jahren bis an den Überdruß des Lebens grenzte (...).«

Man begreift diesen Überdruß, wenn man den zentralen Wert der Kantschen Lebenskunst, nämlich das Altwerden, im Blick hat: »Dahin führt die Kunst, das menschliche Leben zu verlängern, daß man endlich unter den Lebenden nur so geduldet wird, welches eben nicht die ergötzlichste Lage ist.« Im Klartext: Ich tue alles, um alt zu werden, das heißt einen Zustand zu erreichen, in dem ich schwach und gebrechlich bin. Und die Absurdität dieses Unterfangens deprimiert mich ...

18.

Korrigieren wir also das Bild eines gelassenen Kant, eines gut geregelten Automaten, der fest eingebunden ist in seine Junggesellenroutine. Hinter dem Leben dieses Manikers verbirgt sich eine Angst, die so ausgedehnt ist wie die sumpfigen Ebenen Ostpreußens. Im Grunde seines Herzens ist Kant sein Leben lang ein schmächtiges Kind geblieben. Seine körperliche Verfassung war sicherlich nicht viel schlechter als zum Beispiel die eines Descartes, der »mit einer Brustschwäche« geboren wurde. Aber im Unterschied zu dem Franzosen hat Kant sich eingeredet, in einem rundum bedenklichen Zustand zu leben. Daraus schloß er, es gelte, wenn schon nicht großartig, so doch wenigstens lange zu leben. Nicht Großmut, sondern Langmut war gefragt. Er lebte nicht, um zu philosophieren, sondern philosophierte, um am Leben zu bleiben.

19.

Man versteht, warum er Königsberg nie verlassen hat. Königsberg ... Drei magische Silben, mit denen er die Gefahren einer Außenwelt voller Krankheiten zu bannen vermochte, einer Welt, die er an Ort und Stelle, in Königsberg selbst keimfrei und geordnet in Enzyklopädien, in Wörterbüchern, Reiseberichten, Abhandlungen und Zeitschriften finden konnte. Warum also reisen?

20.

Als der Freund seines Vaters, ein Professor namens Franz Albert Schultz, der den jungen Immanuel Kant unter seine Fittiche nahm, Rektor der Universität Königsberg wurde, stellte er seinem Schützling die Frage: »Fürchten Sie auch Gott von Herzen?« Die Antwort des jungen Kant ist nicht bekannt, aber man kann darauf wetten, daß sie positiv ausfiel und daß er von dieser Unterredung völlig entsetzt zurückkehrte.

Es gab für ihn damals zwei Möglichkeiten: entweder Königsberg umgehend zu verlassen, um an einem möglichst fernen Ort frei zu denken; oder sich in seiner Geburtsstadt einzunisten, erstarrt in der Furcht vor dem Vater, im Schatten von Schultz ... Letzteres tat er. Er blieb seiner Stadt und seiner Angst verbunden wie ein Insekt, das man mit einem Faden am Bein festhält. Es war ein kurzer Faden, der es ihm erlaubte, jeden Tag den gleichen hygienischen Spaziergang zu machen.

XV
Heloise und Abélard

1.

Abélard hatte vor Heloise nicht viele Frauen gekannt. Mit neununddreißig Jahren war er Junggeselle wie jeder Professor des Mittelalters, der etwas auf sich hielt. Theologie oder Unterhalt einer Familie, man mußte sich entscheiden ... Ehegatte oder Universitätsangehöriger, Kinder machen oder Bücher machen, aber nicht beides zugleich. Ein Haushalt kostet Geld und Zeit ... Die Philosophie war damals eine exklusive Mätresse: Sie gestattete keine weitere Frau zwischen der Wahrheit und dem Gelehrten. Allenfalls für die fleischlichen Bedürfnisse ein paar Dirnen, mit denen man in den Tavernen schäkerte ... Und anschließend eine tränenreiche Beichte, um sich die Seele reinzuwaschen.

Abélard hatte sich für die Wahrheit entschieden, für Ehelosigkeit, Universität und Bücher, als er von Heloise reden hörte. Sie war siebzehn Jahre alt, und ganz Paris rühmte ihre Bildung und ihre Schönheit. Diese Pariser Perle, von ihrem Onkel, dem Kanonikus Fulbert (der vielleicht ihr Vater war) aufgezogen, konnte Griechisch, Latein und Hebräisch lesen. Abélard wollte sie kennenlernen. Er überzeugte Fulbert, daß zur Vervollkommnung der Ausbildung dieses vielversprechenden jungen Mädchens einige Privatstunden notwendig seien. Und schon war der Bock zum Gärtner gemacht ... Der Ausdruck »Feuer und Flamme« ist zu schwach, um diese Explosion der fleischlichen Gelüste zu beschreiben, diese Springflut zu lange eingedämmter Gefühle, diese Raserei des Tiers mit den zwei Rücken ... Wer wen anstiftet? Die Bücher sind zerknittert, das Chorpult ist umgestoßen ... Samen auf den Seiten des Aristoteles! ... Ach, der schöne Kommentar ...

Erlebten sie ihren Höhepunkt auf Latein, auf Griechisch oder auf Hebräisch? Jedenfalls brauchte Abélard keine großen Anstrengungen zu unternehmen. Verführt war die Jungfrau schon vor dem ersten Blick. Denn als er eintraf, war sein Ruf ihm vorausgeeilt. Pierre Abélard (»Esbaillart« wie Villon drei Jahrhunderte später sagen wird), das Idol der Studenten, der wortgewaltigste Professor seiner Zeit, der »Sokrates der Gallier«, der »Goliath der Dialektik«, wie ihn sein Gegner Bernard de Clairvaux bezeichnete, alles in allem ein Star ... Wenn man siebzehn Jahre alt ist und die Philosophie liebt, wie soll man da widerstehen? Heloise kostete alle Zärtlichkeiten aus, das gesamte Spektrum der Sinnlichkeit, nicht nur die Liebkosungen, sondern auch die Schläge, wie sie zwanzig Jahre später schreiben wird, bewegt und mit immer noch zitternden Knien in köstlicher Erinnerung an die Ohrfeigen, die Prügel und andere Liebesquälereien, die ihr der Professor und Liebhaber zuteil werden ließ ...

2.

... der plötzlich hingeht und ihr einen Heiratsantrag macht. Verblüffung bei Heloise. Ist er verrückt geworden? Zwar ist sie schwanger, aber das ist eine nebensächliche und leicht zu regelnde Angelegenheit: einmal Hin- und Rückfahrt in die Bretagne (das heißt ins Ausland), wo sie einen Jungen namens Astrolabium zur Welt bringt. Ein Vorname, der Bände spricht über Heloise ... Schick und modern: Das Wort »Astrolabium«, ein Instrument zur Vermessung der Sterne und ihrer Positionen, taucht im 12. Jahrhundert auf, zum Zeitpunkt dieser Geschichte. Lebte Heloise heute, sie würde ihren Kleinen »Laser« oder »Mikrowelle« nennen. Astrolabium! Nachdem die intellektuelle Mama ihrem Sprößling einen so modernen Namen angehängt hat, überläßt sie ihn – für immer – irgendeiner vollbusigen Bretonin. Sie kehrt zu ihrem Abélard zurück und versucht, ihn zur Vernunft zu bringen.

3.

Denn sie lehnt diese Heirat ab. Sie sagt, ein Philosoph habe sich nicht zu verheiraten. Sie sagt es mit anderen Worten, nicht so simpel. Wenn Heloise argumentiert, zitiert sie die besten Autoren, Theophrast, Hieronymus, sie beruft sich auf das Beispiel des Sokrates, der (angeblich) von seiner Frau Xanthippe malträtiert wurde. Zur Bekräftigung ihres Feminismus – denn was sie will ist »Freundschaft«, das heißt reine Liebe zwischen Mann und Frau, nicht die versklavenden ökonomischen Verhältnisse Gatte/Gattin –, zur Bekräftigung ihrer Rechte macht sie sich eine ganze frauenfeindliche Tradition zu eigen, die besagt: »Eine Frau und ein Philosoph, das ist wie ein Geschirrtuch auf einem Fernrohr.« Nein, ein Mann, zum Heil der ganzen Welt geschaffen, darf sich nicht einer so schwachen und gefährlichen Kreatur wie der Frau unterwerfen. Ja, die Heirat ist, wie der lateinische Ausdruck *conjugum* zeigt, ein beklagenswertes Joch, weil es unmöglich ist, zwei Herren zugleich zu dienen: der Gattin und der Philosophie. Manchmal sind die Ausdrücke auch ungeschminkter: »Ich will gern deine Hure sein (*meretrix* oder *scotum*: eine Haut), aber nicht deine Ehefrau.« So redet Heloise ... Dem Mann ihres Lebens erklärt sie, daß er zur Fortsetzung seiner brillanten Professorenkarriere Junggeselle bleiben müsse.

4.

Aber Abélard ist hartnäckig. Er behauptet, die Heirat sei die einzige Möglichkeit, die gekränkte Ehre Fulberts zu retten. Ein armseliges und merkwürdiges Argument ... Was bringt unseren Helden dazu, so dickköpfig zu sein? Die nicht zu unterdrückende Schamlosigkeit eines Vierzigjährigen? Ein wütender Mittagsdämon? Möglich ... Doch warum sollte hinter diesem Wortnebel und dem Zitatenschnickschnack nicht eine viel einfachere, klinischere Realität stecken: die *fornication*, die Hurerei! Ein interessantes Wort, das sich aus dem lateinischen *fornix* ableitet, dem Gewölbe, dem Rundbogen, der den römischen Prostituierten und ihren Freiern Schutz bot. Was ist das Huren letztlich anderes, als sich zu zweit zu überwölben und womöglich selbst einen Dachschaden zu haben wie dieser verrückte Abélard, der Heloise eine absurde Lösung aufzwingt: sich heimlich zu verheiraten. Fulbert kommt dahinter und gerät in Wut ... Abélard bringt Heloise in einem Kloster in Sicherheit. Fulberts Gegenschlag: Er schickt zwei Handlanger mit gut geschärften Messern, die Abélard im Schlaf überraschen und ihn dort bestrafen, wo er gesündigt hat. An den Genitalien! Ab damit!

5.

Der Schlag sitzt. Fulbert trifft an der entscheidenden Stelle. Die Karriere unseres gallischen Sokrates' ist abrupt beendet, denn ein Kastrat kann nicht in höhere Funktionen der Kirche, also der Universität, aufsteigen. Man mußte Kleriker sein, das heißt Mitglied des Klerus, um Professor sein zu können. Der kastrierte Abélard steht mit einem Schlag impotent, lächerlich und arbeitslos da.

Heute, sagen wir es ruhig, wäre es weniger folgenschwer, einen Denker an dieser Stelle zu treffen. Aber damals wurden die Philosophie und ihre Attribute auf den Zentimeter genau definiert.

6.

Abélard kann nur noch Mönch werden, den Paraklet gründen und Heloise darin als Äbtissin unterbringen, während er selbst in die Bretagne flieht. Dieses bescheidene, in ein Kloster umgewandelte Oratorium leitet Abélard von nun an aus der Ferne, per Korrespondenz. Er schreibt seiner Frau frömmelnde, reumütige Briefe und predigt eine Keuschheit, die ihn in seinem Zustand nicht viel kostet. Heloise dagegen bedauert nichts, ihre Liebesglut ist nicht erloschen, mit leidenschaftlichen Briefen erinnert sie ihn an die wilden, frevelhaften Liebesspiele, die sie beim Beischlaf in Kapellen trieben ... Abélard will von diesen Schreien, diesen Seufzern nichts mehr hören, er antwortet ihr von oben herab im Ton eines Kanonikus und nennt sie »meine Schwester in Jesu Christ«. Sie erwartete natürlich andere Kosenamen, aber die wird sie bis zu ihrem Tod nicht mehr hören.

7.

Abélard zu verteidigen scheint eine verlorene Sache. Seine ausgeprägte Intelligenz begriff einen Aristoteles, ob sie Heloise verstanden hat, ist nicht sicher. Wie Etienne Gilson formuliert: »ein Mann der falschen Gelegenheiten«. Heloise ist dagegen die Frau der richtigen Gelegenheiten. Sie liebt und zieht daraus die Konsequenzen. Die Sicherheit einer Heirat weist sie zurück. Geliebter immer, Ehegatte nie ... »Ich bin lieber deine Hure als deine Frau.« Gefühl statt Vertrag!

Und doch ... Welche Vorstellung hatte sie von ihrem »Philosophen«? Die ihrer Epoche natürlich: ein Geistlicher, ein

Mann mit langer Robe, ein Mitglied des Klerus, für den Heirat tatsächlich Verirrung und Scheitern bedeutete. Heloise erwartete von ihrem Helden eine schöne, ordentliche Universitätskarriere, und die war nach den damaligen Normen ohne Ehelosigkeit nicht zu haben.

Das Problem ist, daß Pierre Abélard etwas außerhalb der Normen stand. Unter der Professorenrobe lugten immer noch ein Stück des Degens und des Kettenhemds, aber vor allem die Gamaschen des weltlichen Denkers hervor. Denn Abélard gehörte zur Goliardenbewegung, die sich gegen die Kirche, gegen die Bürger, gegen die Bauern auflehnte. Gegen die etablierte Ordnung. Eine Revolte von Pariser Intellektuellen, eingebettet in Lieder und unwiderstehliche Reime ... die »Anarchisten« der damaligen Zeit, ganz einfach. Und Abélard war einer der Anführer der Goliarden. In dieser Eigenschaft war er auch Sänger und Komponist*. Eine weitere Erklärung für seine Eloquenz: seine Kehrreime trällerte man auf dem gesamten Hügel Sainte-Geneviève. Daher dieses Feuer. Ein Star ...

8.

Vor diesem Hintergrund muß man seine Heiratswut sehen. Eine Wahnidee für die damalige Zeit, eine Revolution unter umgekehrten Vorzeichen wie in unserem 20. Jahrhundert. Als das Professorenpaar Sartre und Beauvoir sich weigert, eine Familie zu gründen, ist es für seine Zeit nonkonformistisch. Im 12. Jahrhundert besteht der Nonkonformismus eines Philosophen darin, heiraten zu wollen – was Heloise nicht erkennt. Sie will das »Gute« für Abélard oder das, was sie dafür hält: eine schöne, ordentliche Universitätskarriere. Aber dieser Goliardenkünstler schwebt woanders. Statt vom »Mann der falschen Gelegenheiten« könnte man auch vom »Mann der

* Ein Konzert mit Werken von Abélard hat Pfingsten 1991 in der Abtei von Pontivy stattgefunden.

utopischen Lösungen« sprechen. Dieser Tonsurträger glaubt sich bereits in den Salons und Cafés des 18. Jahrhunderts ...

Als er nach all seinem Mißgeschick Mönch wird, ist er nicht mehr zu verteidigen. Ein Heulpeter, ein jämmerlicher Tropf, ein Oberlehrer, ein Frömmler gegenüber einer Heloise, die erhabener ist denn je ... Die Tonsur hat sein Gehirn angenagt. Doch vorher – was für eine herrliche Verrücktheit! Er hing einer dantesken Vorstellung von Philosophie an, verstanden als weltliche Aktivität, »Brot der Engel«, irdische Glückseligkeit. Er träumte davon, der Mann des Jahrhunderts zu werden, rundum Bürger, befreit von Kirche und Orden. Weder Prediger noch Bettler. Die Philosophie von der Theologie befreien? Er versuchte es in der Praxis, durch seine Lebensweise. Der erdenschwere Realitätssinn, die Stimme der Vernunft, der traurigen Vernunft gingen auf das Konto der romantischen Heloise ... Sie hat Abélard in Wahrheit kastriert.

XVI
Sartre, Simone, Jenny und die anderen

1.

1902 wird Emile Chartier – genannt Alain – als Professor nach Paris berufen und muß Rouen verlassen. Seiner Freundin Monique Morre-Lembelin, Rektorin der Pädagogischen Hochschule für Mädchen in Rouen, bietet er die Ehe an. Widerwillig und mit rein verwaltungstechnischen Argumenten: Auf diese Weise könne sie in Paris unterrichten. Standhaft lehnt sie ab, mehr wie eine Mutter denn wie eine Geliebte: »Ich erinnerte ihn daran, daß ich Großes von ihm erwartete.« Wie leicht könnte der Ehemann den Denker zu Grunde richten … Genau das denkt Alain auch. Die Ablehnung erleichtert ihn, und er antwortet »Mah-Meh« (der Spitzname von Madame Morre-Lembelin, »Mama« im normannischen Dialekt): »Ihr Brief nimmt mir eine Last von der Seele.« Eine neue Version von Heloise und Abélard? Die Gefühle sind nicht mehr die gleichen, aber die Schlußfolgerung hat sich seit dem Mittelalter nicht verändert: keine Ehefrau, wenn man Philosoph ist! Absolut kontraindiziert! Eine Mutter, eine Muse, eine Muse und Mutter, ja, aber sonst nichts.

Mit dem Verzicht auf die Heirat folgte Alain nur den Lehren seines Meisters Jules Lagneau (1851–1894), einer geistigen Autorität der damaligen Zeit, die den Philosophieprofessoren die Ehelosigkeit empfahl. Für die Fleischeslust gab es die Professionellen, die Alain ohne schlechtes Gewissen aufsuchte.

2.

Als Alain eines Tages vor seinen Schülern über »unsere Pflichten gegenüber den Prostituierten« sprach, traf unverhofft ein Inspektor namens Rabier ein. Alain führte aus, daß diese Frauen zu respektieren seien und man von ihnen keine Vortäuschung eines nicht empfundenen Vergnügens verlangen dürfe. Eine ganz und gar auf ein jugendliches Publikum zugeschnittene Vorlesung ... Rabier bat den Professor sehr taktvoll, seine Erläuterungen fortzusetzen und sich nicht um ihn zu kümmern. Alain kniff nicht und fuhr mit seiner Vorlesung über die Prostituierten fort.

Der Inspektor erwies sich als guter Verlierer. Er legte Alain keine Steine in den Weg, als dieser kurz darauf ans Lycée Condorcet in Paris berufen wurde.

3.

1941 starb Mah-Meh. Zu diesem Zeitpunkt lebte Alain bereits seit mehreren Jahren mit einer Freundin namens Gabrielle zusammen, die jünger war als er. 1945 heiratete er sie. Andere Zeiten, andere Philosophen. Es war das Ende eines stillschweigenden Konkordats, eines ungeschriebenen Gesetzes, das ins Mittelalter zurückreichte und besagte, ein Intellektueller dürfe sich nur mit der Kirche und der Universität verheiraten. Für diese Institutionen war die Frau eine Rivalin. Im Jahre 1945 gewinnt sie. Der Beweis: Alain heiratet.

4.

Offiziell widmete Sartre *Das Sein und das Nichts* »Castor« – das war der Spitzname von Simone de Beauvoir. Aber zwei Exemplare wurden gesondert gedruckt und enthielten eine Widmung an eine andere Frau. Solche Akrobatenstücke gehörten zu Sartres Gewohnheiten. Er war ein Virtuose der polygamen Ehelosigkeit, stets damit beschäftigt, einen hektischen Kreislauf zu bewältigen, der darin bestand, jede zu ihrem Recht kommen zu lassen. Rendezvous, Urlaube, Anrufe, Besuche, das Liebeskarussell war minutiös geregelt. Die turbangeschmückte Simone de Beauvoir, nach kurzem Dienst als Geliebte in den Rang der obersten Vertrauten aufgestiegen, stand im Zentrum und bemühte sich, über Sartres Leben zu herrschen, wenn sie es schon nicht beherrschen konnte, und den Reigen der Favoritinnen wenigstens zu verfolgen, wenn sie ihn nicht kontrollieren konnte. Zwischen ihr und ihm gab es eine Abmachung: »über alles miteinander reden«. Klarheit und Transparenz! Im Prinzip ... Denn mit der Zeit erkannte Beauvoir die Gemeinheit eines Vertrags, der es Sartre erlaubte, ihr unter dem Vorwand der Offenheit über bestimmte Liebschaften brühwarm zu berichten, um ihr andere dafür umso wirkungsvoller zu verschweigen.

5.

Sartres Mutter, Madame Maincy, geborene Schweitzer (als junge Witwe hatte sie sich wiederverheiratet), war die einzige wahre Frau seines Lebens. Sie lebte lange Jahre mit ihm zusammen. Er nahm sie mit in den Urlaub. Wenn »Poulou« an ihrer Seite gefilmt wird, strahlt er wie sonst nie.

6.

Der kleine, einäugige Sartre mit dem schütteren Haar besaß viel Charme. Seine metallische Stimme, sein Humor, seine ständige Ansprechbarkeit und seine Nachsicht bezauberten die Frauen. Er fand übrigens ihre Unterhaltung interessanter als die der Männer. Er liebte es, zuzuhören und auf die weibliche Verzweiflung einzugehen, auf die verlorenen Blicke, die »Mienen von Quallen, die am Strand zurückgeblieben sind«. Er hatte heftige und verzweifelte Abenteuer, über denen er Schlaf und Appetit verlor, zum Beispiel mit Olga, die sich ihm zwei Jahre verweigerte. Wenn eine von ihnen nicht bei ihm sein konnte, schilderte er ihr in endlos langen Briefen haarklein seinen Tagesablauf, Stunde für Stunde, wie ein Kind gegenüber seiner Mutter. Weil er keine seiner Frauen verlieren wollte, hielt er sich bis zu vier auf einmal in der Meinung, daß eine einzige Frau unterjocht, mehrere dagegen befreien.

7.

Je mehr sich sein Zustand verschlechtert (mit achtundsechzig Jahren ist er vollständig blind), desto stärker wird Sartre bewußt, daß er zum Eigentum seiner Frauen wird. Er braucht sie beim Essen, sie müssen ihm das Fleisch zerschneiden, beim Urinieren helfen usw. Er beherrscht das Spiel nicht mehr. Da erfindet er ein neues Leben. Sein ruinierter Körper gehört ihnen, nun gut. Aber sein Geist? Um frei zu bleiben, beschließt Sartre, sich in irgend jemandes Obhut zu begeben. Benny Lévy, ein junger Maoist, der Sartres Werk besser kennt als Sartre selbst, wird sein einziger Gesprächspartner. Der alte Mann läßt sich von diesem Sekretär duzen (sogar Simone de Beauvoir siezte ihn). Jeden Morgen holt Benny Lévy Sartre aus seinem Dämmerzustand und spricht mit ihm stundenlang über Ethik, Religion, Politik. Für die nähere Umgebung Sartres ist klar, daß dieser ins Schwimmen geraten ist und daß der linksradikale, nach dem mosaischen Gesetz lebende Sekretär den Greis auf einen anderen Kurs bringt. Sartre fürchtet den Bruch nicht (»Die Entwicklung meines Denkens entgeht ihnen, auch Castor«). Und tatsächlich waren Talmud und Thora nicht eben ein Gebiet, auf dem sich Simone de Beauvoir besonders auskannte. Jedenfalls wäre Sartre ohne den Anreiz durch Benny Lévy in seinen letzten Jahren nur ein kleiner Greis gewesen, der an Inkontinenz litt und sich verstecken mußte, wenn er trinken wollte. Am Ende seiner Kräfte angelangt, hat er mit den verbliebenen Mitteln all den Frauen widerstanden, die ihm Gutes wollten.

8.

In der Schule Epikurs wurden die Prostituierten bestens empfangen. Die anderen, die sogenannten ehrbaren Damen, bescherten der Philosophie dagegen keinen Zulauf. Sie waren mit den Gedanken woanders: Ehemann und Sprößlinge wollten versorgt sein ... Für das Abenteuer Philosophie blieben die Randfiguren, die Prostituierten. Die Geschichte kennt den Namen einiger derer, die Epikurs Schülerinnen waren: Mammarion, Hedeia, Nikidion, Demetela. Zu schade, daß sie kein einziges geschriebenes Werk hinterlassen haben! Es wäre vergnüglich zu sehen, wie sich Professoren und Studenten heute über Texte der »Süßen« (Übersetzung von Hedeia), der »Verführerischen« (Erotion) oder der »Dickbusigen« (Mammarion) beugen.

9.

Es gab nicht nur die Epikureer. Auch die Kyniker begrüßten und empfahlen die Gesellschaft der Hetären, denen sie nicht nur ausgezeichnete Freier, sondern auch gute Gefährten waren. Ein bis heute bekanntes Beispiel liefert Aristippos aus Kyrene, der mit der berühmten Lais, einer Kurtisane aus Korinth, zusammenlebte. Wenn man ihm diese Partnerschaft vorhielt, antwortete er: »Ich besitze Lais, aber Lais besitzt mich nicht.« Und mit Blick auf die Bordelle fügte er hinzu: »Nicht das Hineingehen ist schändlich, sondern wenn man nicht versteht, wieder hinauszugehen.«

10.

Als sich die schöne Aspasia in dem besonders frauenfeindlichen Stadtstaat Athen niederließ, gab man ihr den Beinamen »die Hure aus Milet«, ihrer Geburtsstadt in Kleinasien. Als Mätresse von Politikern, vor allem von Perikles, der sie zur großen Empörung der Athener heiratete, übernahm Aspasia die Rolle, in der sich in der Folgezeit alle philosophiebegeisterten Frauen auszeichnen sollten: nicht die der Produzentin – es gibt keinen großen weiblichen Philosophen –, sondern die der Vermittlerin. Zusammenbringen, anregen, empfangen: ihr Salon wurde der glänzendste der Antike und sicherlich auch der Geschichte des Abendlandes. Sophokles, Phidias, Anaxagoras, Hippias, Prodikos, Protagoras und Sokrates fanden sich dort ein. Statt des *Gastmahls* hätte Platon eher einen Dialog mit dem Titel »Der Salon« schreiben können, in dem die trockensten Fragen unter der liebenswürdigen Leitung der außergewöhnlichen Aspasia diskutiert worden wären.

11.

Isidore Auguste Comte (1798–1857) heiratete am 23. Februar 1825 Anne Caroline Massin. Er war ihr im Palais-Royal begegnet, dem »heißen« Viertel von Paris, in dem der Begründer des Positivismus sich auskannte. Mit dieser Heirat vollbrachte Comte eine gute Tat, denn so konnte sich die junge Frau aus der Prostituiertenkartei der Polizeipräfektur streichen lassen. Aber der Freier setzte sich in den Kopf, auch erzieherisch tätig zu werden. Um sie in die Weisheit einzuführen, unterrichtete er sie in Mathematik.

Trotz dieser Aufforderung zu einem anständigen Leben ging die junge Ehefrau weiterhin ihrem alten Gewerbe nach. Was ihr Mann, ein kleiner Mathematiklehrer, verdiente, konnte die von ihr erträumte Lebensführung nicht sicherstellen. Voller Verzweiflung über die professionellen Seitensprünge seiner Caroline marschierte Comte an die Seine und sprang hinein. Man fand ihn zwanzig Kilometer von Paris entfernt in einer Herberge in Montmorency wieder, wo er im Delirium phantasierte. Nach einem zweijährigen Aufenthalt in der Klinik des Doktors Esquirol in Passy zog er einen Schlußstrich unter das, was er in seinem unnachahmlichen Geschwätz seine »geistige Episode« nannte. Caroline, die ein gutes Herz hatte, nahm sich der Sache an.

Nach der Trennung beschloß sie, die Prostitution zugunsten des Positivismus aufzugeben. Mit Unterstützung durch den ehrwürdigen Emile Littré – den Autor des französischen Wörterbuchs – wurde sie sogar in den Kreis der Schüler aufgenommen. Auf diese Anhängerin, ein Erbstück des ehelichen Zwischenspiels, war Comte nie stolz. Ein Fall von Selbstunterschätzung! Denn nachträglich betrachtet war das doch ein schöner Erfolg.

12.

Augustinus hatte zwei große Lieben in seinem Leben, zwei wenig gebildete Frauen, die weder Griechisch noch Latein, noch sonst irgendeine Sprache lesen konnten. Die erste war seine Mutter und hieß Monika. Die zweite war Blumenverkäuferin in Karthago. Ihren Namen kennen wir nicht, weil Augustinus ihn niemals preisgeben wollte. Er lebte vierzehn Jahre mit dieser Unbekannten, er hatte ein Kind von ihr. Doch da sie das Bild eines ehrbaren Christen trübte, beschloß der heilige Mann, seine Gefährtin aus der Geschichte zu streichen. Deshalb hat man sich angewöhnt, diese Blumenverkäuferin »die Unbenannte« zu taufen.

Als Augustinus 371 im Alter von siebzehn Jahren nach Karthago kommt, ist die Stadt nach seiner eigenen Aussage »eine brodelnde Vergnügungsstätte«. Er stürzt sich mit Wonne hinein, verliebt sich in die Unbenannte und zieht mit ihr zusammen. Er mäßigt sich, studiert ernsthaft und wird Rhetorikprofessor. Zwei Kilometer weiter in Thagaste ist seine Mutter Monika entsetzt: Dieser Sohn, für den sie den höchsten Ehrgeiz hegt, erniedrigt sich mit einem Straßenmädchen! Außerdem hat er sich zum Manichäismus bekehrt, einer Religion, die damals in Mode war. Als glühende, ja, frömmlerische Anhängerin des Christentums hat Monika von nun an nur noch eine fixe Idee: das Herz ihres Sohnes von den beiden Schandflecken zu befreien: der Konkubine und der Häresie. Da ihr Katholizismus afrikanisch beeinflußt war, hatte sie ihre eigenen Vorstellungen vom Christentum. Selbst als sie in Italien wohnte, fuhr sie fort, Brei, Brot und Wein zum Grab der Heiligen zu tragen.

13.

Auch Augustinus hatte seinen Ehrgeiz. Ein erstes Mal versuchte dieser dynamische junge Mann dem Griff seiner Mutter zu entkommen, indem er sich mitsamt Konkubine und Gepäck nach Rom einschiffte. Adieu, Karthago! Aber Monika reiste ihm in die Hauptstadt des Imperiums nach und überzeugte ihn, die Unbenannte in ihre afrikanische Heimat zurückzuschicken. Als Verstoßene mußte die heidnische Gefährtin, die sicherlich von den christlichen Ideen eingenommen war, zurück auf das Schiff. Sie legte ein Keuschheitsgelübde ab, mit dem sie schwor, niemals einen anderen Mann kennenzulernen, und ließ außerdem den gemeinsamen Sohn Adeodatus in Italien zurück. Sie verlor alles, Ehemann und Kind.

Monikas Sieg im Jahre 385 war also ein totaler. Sie fand für ihren Sohn eine würdige Gattin, eine reiche Mailänder Erbin, von der Augustinus bekennt, sie sei »reicher an Geld als an Jahren«. Tatsächlich zählt sie gerade zehn Lenze, während Augustinus einunddreißig ist. Die Zeit bis zur Heiratsfähigkeit seiner Verlobten überbrückt er mit einer Mätresse, denn nach seinem eigenen Eingeständnis war ihm ein Junggesellenleben unmöglich: Zu unerträglich war sein Los, wenn er sich nicht an die Brust einer Frau schmiegen konnte.

14.

Monika – Augustinus: dieses bemerkenswerte Paar lebte den Ödipuskomplex vor, aber mit umgekehrtem Vorzeichen. Im Lauf der Zeit wurde die Bindung zwischen Mutter und Sohn nicht etwa schwächer, sondern verstärkte sich noch. Es genügte Monika nicht, daß ihr Leib den Sohn hervorgebracht hatte. Sie wurde »von dem Bestreben umgetrieben, mich auch geistig in die Welt zu setzen«, sagt Augustinus selbst. Schließlich flüchtete er sich in die Arme einer anderen Mutter, der heiligen Mutter Kirche, und bekehrte sich im Alter von zweiunddreißig Jahren zum Katholizismus. Neun Jahre später wird er zum Bischof geweiht. Eine blendende Karriere! Als Sohn eines kleinen Beamten, amateurhaft gebildet und nicht in der Lage, Griechisch zu lesen, schafft es dieser ehrgeizige Provinzler, in die oberen Ränge aufzusteigen.

Auf seinem Weg von Karthago über Rom nach Mailand wird er eine Größe der Kirche, dieser Kirche, die er *catholica mater christianorum verissima* nennt, die »höchst wahre Mutter der Christen«, die wirklich mütterliche Mutter, die ewige Mama.

Für diesen Aufstieg hätte seine eigene Willenskraft nicht gereicht. Aber Monika war ja da. Diese heilige Mustermama hat in ihrer Wachsamkeit nie nachgelassen. Sie verfügte nicht über die intellektuellen Gaben ihres Sohnes, hatte aber erkannt, daß die kirchliche Laufbahn einen zweifachen Erfolg garantierte: hienieden und im Jenseits. Was kann sich eine südländische Mutter Schöneres erträumen?

15.

Hijlena Jans war zwanzig Jahre alt, als Descartes ihr 1634 in Holland begegnete. Man weiß nicht, wie sie aussah, aber da Descartes seine Vorliebe für schielende Frauen bekannt hat – als Kind hatte er sich in eine kleine Françoise mit »Silberblick« verliebt –, werden wir uns erlauben, Hijlena Jans mit einem fiktiven Detail auszustatten: einem leichten, charmanten Strabismus.

Er macht ihr ein Kind, ein kleines Mädchen, das er Francine nennt. So ehrt er sein Heimatland Frankreich, das er immer noch liebt, auch wenn er findet, man könne dort nicht leben. Getauft wird das Mädchen allerdings in Hijlenas Religion, das heißt protestantisch. Mit neununddreißig Jahren ist Descartes also Vater. Große Freude, bald gefolgt von tiefem Schmerz, denn 1640 stirbt die kleine Francine im Alter von fünf Jahren. Descartes weint und verhehlt es nicht.

Wegen dieser wilden Ehe, die sechs Jahre dauerte, hat man ihm Vorhaltungen gemacht. Der große Descartes, der Seigneur von Perron, lebt mit einem Mädchen aus dem Volk zusammen! Als es darüber zu Auseinandersetzungen mit holländischen Akademikern kam, bot Descartes ihnen die Stirn: Er verleugnete Hijlena nicht, er verachtete seine Verleumder. Descartes hat sich zu jeder Episode seines Lebens bekannt. Er hatte Liebesaffären in königlichen Kreisen, er war der Schützling der Königin Christine von Schweden (und sicherlich ihr Liebhaber) ebenso wie der liebevolle Briefpartner der Prinzessin Elisabeth von der Pfalz. Aber er liebte auch Hijlena Jans. In Extremen zu leben – bedeutet das nicht auch, extrem unterschiedliche Menschen zu lieben? Mit Blick auf diese Liebe spricht sein frommer Biograph Baillet von einem »Ausrutscher« und ist glücklich darüber, daß der Philosoph »seine Ehelosigkeit in ihrer ursprünglichen Vollkommenheit« wiederhergestellt hat. Die Legende vom Heiligen Descartes nimmt ihren Lauf ... Man wäscht den Toten rein, damit die Massen ihn anbeten können. Ein gewisser Léon Petit ist der Ansicht, daß »Hijlena Jans die Thérèse Levasseur von Rousseau war, ordinär und nahezu ungebildet«. Maurice Barrès hielt es für angemessen zu behaupten, Descartes »litt darunter, daß seine Mutter zu gewöhnlich war, als daß er seine Sorgen mit ihr teilen konnte«. Aber Charles Adam hält dagegen, daß »die Briefe von Descartes nie so viel Fröhlichkeit ausgestrahlt haben wie in den zwei oder drei Jahren, die er mit seinem Kind und auch mit der Mutter seines Kindes verbrachte«. Ist es Zufall, daß Descartes während seines Zusammenlebens mit Hijlena den *Discours de la méthode* (1637) gebar? Ein Meisterwerk von Buch dank einem Meisterwerk von Frau?

16.

Martin Heideggers Frau hieß Elfriede. Die Rolle dieser Mustergattin ist nicht zu unterschätzen. »Wie hätte Heidegger das gewaltige Werk, das er hinterließ, schreiben können ohne die ständige Unterstützung durch diese Frau, die neben der Hausarbeit noch sämtliche Verwaltungs- und Sekretariatsaufgaben übernahm, ohne die Professor Heideggers Wirken nicht möglich gewesen wäre? (...) Zu jedem Zeitpunkt des Tages wußte sie genau, was er brauchte«, schrieb ein Schüler.

Man darf daraus nicht folgern, Frau Heidegger sei eine einfache Hausfrau gewesen. Wie ihr Mann nahm sie die Feder zur Hand, um sich am Aufbau des Nationalsozialismus zu beteiligen. 1935 schrieb sie einen Artikel gegen den getrennten Unterricht von Jungen und Mädchen: Diese Diskriminierung schade angeblich »der wahren Volksgemeinschaft, dem köstlichsten, aber auch gefährlichsten Geschenk unseres großen Führers an sein Volk (...) Volksgenossin ist nur die Mutter, die sich als Trägerin und Hüterin des wertvollen rassischen Erbgutes unseres Deutschtums und als wahrhafte Erzieherin ihrer Kinder zu den künftigen Gestaltern unseres völkischen Schicksals erweist«.

Nach dem tragischen Abenteuer von Heloise und Abélard endlich ein beruhigendes Ehepaar, das Ehe und Philosophie wieder versöhnt.

17.

Xanthippe läßt sich – wir erinnern uns – von ihrem Mann Sokrates aus dem Gefängnis fortschicken. Hinaus! Sie wird seine letzten Stunden nicht miterleben. In Sokrates' Umgebung, unter seinen Schülern wird dieser Entschluß gutgeheißen, man ist der Meinung, die Frau habe dort nichts zu suchen. Mit ihren Tränen, ihrem Geschrei stört sie ein schönes Philosophiekolloquium. Nicht so laut, Xanthippe! Du irrst dich im Ort! Du wähnst dich bereits bei der Beerdigung, im Trauerzug, unter den Klageweibern ... Als ob dein Mann schon gestorben wäre! Aber die Sonne ist noch nicht hinter dem Hymettos untergegangen, die Stunde gehört noch dem wohlgesetzten Wort, das diesen allerletzten Augenblicken Sinn verleihen wird. Artikulierte Sprache, nicht Tränen oder Gejammer ...

So denkt man, wenn man ein Freund des Sokrates ist.

18.

Und wenn man nicht zum Klan gehört? ... Dann denkt man, daß Sokrates mit Xanthippe zugleich die Rührung ausschließt, daß er die Tränen fürchtet, weil er schließlich ein paar Minuten mit ihr zusammen hätte weinen und erst dann sein würdiges Gespräch unter Freunden, unter Männern wiederaufnehmen können – die übrigens zum Schluß allesamt in Tränen ausbrechen im Beisein des unnachgiebigen Greises, der trockenen Auges sterben will. Keine Träne! Letztlich ist Sokrates gar nicht so typisch griechisch ... Wenn sich Hektor – immerhin ein Krieger! – in der *Ilias* von Andromache verabschiedet, weint er. Er schmilzt dahin und verliert die Beherrschung wie ein echter Liebender.

19.

Eine Megäre? Im Verlauf eines Streits soll Xanthippe den Nachttopf über dem Kopf ihres Mannes ausgeschüttet haben, was dieser angeblich gelassen mit den Worten kommentierte: »Wenn Xanthippe donnert, gibt es anschließend stets Regen.« Diese erfundene Anekdote war sehr erfolgreich. Sie wurde jahrhundertelang von den Schülern Platons und manchen kynischen Philosophen kolportiert, um zu beweisen, daß ein Philosoph, der diesen Namen verdient, nie, wirklich nie heiraten sollte.

Aber nichts bestätigt die Behauptung, daß Xanthippe dem sehr viel älteren Sokrates eine so schlechte Gefährtin gewesen wäre. Wenn man ihn dagegen betrachtet ... stets auf der Straße, in den Gymnasien, wo er mit Söhnen aus reichem Hause und müßigen Aristokraten über nebulöse Themen diskutiert ... Von diesem schwierigen Ehemann hatte Xanthippe nichts Großes zu erwarten, weder Zuneigung noch Geld. Er hat sein Leben lang palavert, und statt am Abend seines Todes seine

Frau zu küssen und den kleinen Sohn, den sie in den Armen hält und ihm entgegenstreckt, setzt er sein Palaver fort ...

20.

Der schmerbäuchige, kurzbeinige, ganz in Schwarz gekleidete Auguste Isidore Comte, Nachhilfelehrer in Mathematik, machte sich mit seiner »positiven« Philosophie gerade einen bescheidenen Namen in gewissen Pariser Intellektuellenkreisen, als er im Alter von sechsundvierzig Jahren Clotilde de Vaux begegnete. Sie war neunundzwanzig, ihr Mann hatte sie verlassen, sie wohnte bei den Eltern. Keusch, mittellos, schwindsüchtig, hübsch und mäßig begabt zum Schreiben von Versen und Romanen. Der von sich selbst eingenommene, nicht gerade höfliche Auguste Comte, der nie jemandem die Hand gab, nicht einmal seinen Getreuen, lachte nie. Er betrachtete Geschichte als eine Eisenbahn und sich selbst als den obersten Bahnhofsvorsteher (es gab drei Stationen: den religiösen Zustand, den metaphysischen Zustand, den positiven Zustand). Weil er die junge Frau nicht verführen kann, versucht Comte, sie durch »wissenschaftliche« Argumente zu überzeugen. Mit ihm zu schlafen, erklärt er, würde nicht nur ihrer schwachen Gesundheit außerordentlich guttun (»verzeihen Sie diesen wissenschaftlichen Hinweis«), sondern auch ihrer Intelligenz. Clotilde ist nicht überzeugt. Sie will nicht begreifen, daß der Beischlaf mit einem Philosophen den Intelligenzquotienten hebt, und schickt ihn angesichts seines überbordenden Taktgefühls zurück zu den Prostituierten, die der trübselige kleine Mann ohnehin stets aufgesucht hatte.

Am 5. April 1846, zehn Monate nach ihrer Begegnung, stirbt die junge Frau an Tuberkulose. Nun redet Comte sich ein, daß er untröstlich ist, und verwandelt sein amouröses Fiasko in einen Triumph, ein kosmisches Ereignis, eine Passion, die mindestens dem Leiden Christi gleichkommt. Die junge Frau, deren Körper und Herz er nie berührt hat (»ich habe nie gewagt, ich selbst zu sein bei Ihnen«, hatte sie ihm gestanden), wird zum Gegenstand seiner Verehrung. Vom 10. April 1846 an beginnt ein normaler Tag bei Auguste Isidore Comte (er haßte seinen zweiten Vornamen) mit einer vierzigminütigen auf den Knien verbrachten Andacht vor Clotildes Sessel, den er als Hausaltar aufgestellt hat. Zusätzlich zu den Gebeten um fünf Uhr dreißig und sechs Uhr morgens hält der große Prediger der Humanität um zehn Uhr dreißig eine zwanzigminütige Messe mit Verlesung eines Briefs der »geliebten Gefährtin«. Aus dieser gescheiterten Romanze zieht er schließlich wie ein Buchhalter eine im ganzen positive Bilanz: »Zum vollkommenen Philosophen fehlte mir vor allem eine tiefe und zugleich reine Passion, um die affektive Seite der menschlichen Natur ermessen zu können.«

21.

Der schmächtige Sören Kierkegaard mit seinem krummen Rücken ist nicht wirklich schön. Was findet Regina Olsen, eine hübsche Dänin von siebzehn Jahren, an diesem Theologiestudenten? Sie spürt, daß er Genie hat, daß er ein großer Schriftsteller wird. Aber sie langweilt sich ein wenig, denn zu ihrer geistlichen Erziehung liest er ihr die Predigten des örtlichen Bischofs vor. Außerdem wird er von Melancholie heimgesucht, von merkwürdigen Ideen, die er sorgfältig kultiviert, um »zur ewigen Gewißheit des Unendlichen« zu gelangen. Bald zärtlich und zuvorkommend, bald unausstehlich, schlägt er ihr im Namen der »abstoßenden Realität« die lebenslängliche Verlobung vor, »eine irreale Liebe, die einzig vom weichen, süßen Hefezopf zehrt, den die Möglichkeit darstellt«. Heirat? Nur »wenn das Feuer der Jugend erloschen ist und ich ein heißblütiges junges Mädchen brauche, um mich zu verjüngen. *Notwendige Grausamkeit.*« Er theoretisiert in der dritten Person: »Er ist vor allem Denker, sie ist es absolut nicht; er ist ethisch-dialektisch, sie ist ästhetisch-unmittelbar.« Er diskutiert über alles und jedes, um seine Gemeinheit zu rechtfertigen.

Nach zehn Monaten Verlobung und enttäuschter Hoffnungen entscheidet sich Regina für die Trennung: »Sie zog ein Briefchen von mir hervor, das sie gewöhnlich an ihrer Brust aufbewahrte. Sie riß es schweigend in kleine Stücke und sagte dann zu mir: ›Du hast auf grausame Weise dein Spiel mit mir getrieben.‹« Regina fühlt sich nicht zum Märtyrer berufen. Ihre Vitalität rettet sie. Ein hoher Beamter namens Schlegel wird ihr ein solider Ehegatte sein.

Kierkegaard, der alles getan hatte, damit es zum Bruch kam, war verzweifelt, als sie heiratete. Verzweifelt, doch vergaß er darüber nicht, daß er Schriftsteller war ... Er wußte, wie er seine Melancholie pflegen konnte: indem er Papier bekritzelte. Er litt, aber mit der Feder in der Hand, vom schlimmsten Leiden verschont bei dem Gedanken an das Kapitel, das er als nächstes schreiben würde ... Und so beeilte er sich, der Öffentlichkeit unter dem Titel »Schuldig? Nicht schuldig?« die Geschichte seiner gescheiterten Verlobung zu präsentieren, die auch Reginas Geschichte war. Es nützte ihm nichts, daß er sich mit Stock, Handschuhen, Blume im Knopfloch und modischer Hose herausputzte – Eleganz war nicht seine Stärke. Seine Verlobte hat es gut überstanden. Die zarte Libelle wäre beinahe Kierkegaards Insekt geworden, und der hätte sie Flügel für Flügel, Beinchen für Beinchen auseinandergenommen.

Hütet euch vor den Philosophen, ihr jungen Mädchen! Ihr könnt leicht euer Leben dabei lassen, mumifiziert als metaphysisches Problem, präpariert als Konzept.

22.

Ein Revolutionär, ein Agitator, der keine Grenzen kennt ... Man könnte meinen, ein solches Leben erfordere ein Minimum an Gepäck und gewähre ein Maximum an Leichtigkeit. Marx entschied sich für die umgekehrte Lösung und schaffte sich selbst eine Vielzahl von Hemmnissen: eine Frau und sieben Kinder (von denen drei in jungen Jahren starben). Das Erstaunliche im Fall von Marx ist, daß er diese Widersprüche nicht bedacht, nicht formuliert hat, als ob er es nicht verstanden hätte, seine geliebte Dialektik auf sich selbst anzuwenden, als ob die Analyse der Widersprüche für alles taugte, nur nicht für ein persönliches Geschick. Und doch handhabte dieser Revolutionär, der sich für die Ehe mit einer Aristokratin namens Jenny von Westphalen entschied, den Widerspruch virtuos.

23.

Sie war dafür geschaffen, eine angesehene Persönlichkeit aus Trier zu heiraten. Sie entschied sich für einen Juden, zwar aus gutem Hause – der Vater von Marx, ein enger Freund von Jennys Vater, war Rechtsanwalt –, aber ohne Beruf und ohne die Absicht, einen solchen auszuüben. Ein ewiger Student, der die Verlobungszeit sieben Jahre dauern ließ. Ja, aber Karl sah gut aus ... Er hatte den besonderen Charme des Denkers. Er verkörperte das Versprechen auf Abenteuer. Fern von Trier! Wenn sie gewußt hätte ...

24.

Die Marxens wollten ein glänzendes, angenehmes Leben führen, obwohl das Familienoberhaupt weder Beruf noch festes Einkommen hatte. Als Bürger der Spielart »intellektuelle Bohème« waren sie immer in finsterster Geldverlegenheit. Das hinderte sie allerdings nicht daran, wie ein Ehepaar aus dem Lumpenproletariat pausenlos Kinder zu zeugen. Die einzige Form der Geburtenbeschränkung, die sie kannten, war zu ihrem Unglück die natürliche Auslese: die kräftigsten Sprößlinge überlebten, das heißt vier von sieben (alle Mädchen). Man mußte also bald daran denken, sie zu verheiraten. Auf bürgerliche Verbindungen erpicht, waren sich Jenny und Karl nicht zu schade, kostspielige Empfänge zu organisieren. Einziges Ergebnis ihres Aufwandes: als künftige Schwiegersöhne stellten sich nur katastrophale junge Männer ein. Denn die Marx-Töchter neigten dazu, sich in revolutionäre Emigranten zu verlieben. Wenn sie einen fanden, der etwas begüterter zu sein schien, war es ein »Farbiger« wie Paul Lafargue, der Ehemann Lauras, ein Mischling von den Antillen. Wutanfall bei Marx, der alles tat – vergeblich –, um die Heirat mit diesem Ausländer zu verhindern! Man mußte sich seines Standes würdig erweisen ... So weigerte sich Jenny zum Beispiel stets, Mary, die Gefährtin von Engels, zu empfangen: sie war nur eine Arbeiterin!

25.

Eines Tages konnte Karl nicht wie gewohnt in die Bibliothek des British Museum gehen, wo er am *Kapital* zu arbeiten pflegte, weil er seine Schuhe nicht mehr fand. Sein Hausmädchen Helen hatte sein einziges Paar ins Pfandhaus gebracht. Auch eine Art zu sagen: Kümmern Sie sich lieber um Ihre Familie, statt an einem Buch zu arbeiten, aus dem offensichtlich nichts wird. Sie sind nur ein barfüßiger Bettler ... Aber ein Paar Schuhe war nicht geeignet, den guten Mann zu ändern. Das einzige Leben, das Marx sich vorstellen konnte, war ein Leben in »Muße« im alten Sinn des Wortes. Lesen, schreiben, reden ...

Ein Aristokrat des Denkens ... Um Geld würde man sich später kümmern. Im übrigen konnte schon morgen der große Umbruch geschehen. Wie all ihre kommunistischen Freunde waren die Marxens fest davon überzeugt, daß die proletarische Revolution unmittelbar bevorstand, daß sie allesamt noch vor ihrem Tod das gelobte Land sehen würden. Bis dahin hieß es, in der Wüste zu überleben. Wie? Dank der Angehörigen, der Familie und vor allem des getreuen Engels', des begüterten Freundes, ohne den das Ehepaar den Hungertod gestorben wäre. Marx hatte nie etwas dagegen, sich aushalten zu lassen. Die Folge war ein Wechselbad von fetten und mageren Jahren, von elenden Behausungen (Dean Street) und prachtvollen Wohnsitzen (Grafton Terrace in London).

26.

Um Jenny zu betrügen, hätte sich Marx außerhalb des häuslichen Herdes umsehen können. Zu leicht, zu einfach ... Er machte sich das Leben schwer und bediente sich direkt im Zentrum. Er nahm Helen zur Geliebten, seine treue Bedienstete, die Stütze der Familie.

Ihr Kosename war »Lenchen«. Jennys Mutter hatte sie dem jungen Ehepaar Marx vermittelt. Sie war blond und schlank, hatte leuchtend blaue Augen, eine hohe Stirn und ein energisches Kinn. Eine kluge Frau, die am Ende ihres Lebens von Engels aufgenommen wurde und ihm im Sekretariat der Internationalen zur Seite stand.

Im Jahre 1851 wurde Helen schwanger. Der hilfsbereite Freund Engels, bekannt für seine amourösen Eskapaden, erklärte sich auf Drängen von Marx bereit, die Vaterschaft zu übernehmen und das Kind anzuerkennen. Damit die Sache glaubwürdiger aussah, wurde der Junge nach seinem angeblichen Erzeuger Friedrich genannt. Es dauerte ein halbes Jahrhundert bis die marxistische Geschichtsschreibung zugab, daß

Marx selbst der Vater war. Noch 1970 schrieb ein frommer kommunistischer Autor, der den Mythos einer makellosen Verbindung zwischen Karl und Jenny retten wollte, daß »die Liebe nur durch das Elend verraten worden ist«. Marx das Opfer einer Verirrung, weil er am Monatsende stets knapp bei Kasse war? ... In Wirklichkeit war sein Verhältnis zu Helen dauerhaft und seine Ehe eine *ménage à trois*. In der winzigen Zweizimmerwohnung in der Londoner Dean Street 28, in der sich bis zu acht Personen drängten (die Eltern, Helen, vier Kinder und eine Amme), lebten zwei Frauen zusammen, die vom gleichen Mann schwanger waren. Nach der Entbindung mußte sich Helen entscheiden: das Kind aufziehen oder weiter den Marxens dienen. Sie blieb und brachte Friedrich »anderweitig unter«. Die Ehre von Marx, Jenny und der Arbeiterbewegung war gerettet.

Aber hat das Märchen von der Vaterschaft Engels' im Kreis der Familie irgend jemanden täuschen können? Ist Jenny darauf hereingefallen? Marx hat gesagt, er habe sich seiner Frau entfremdet, weil sie »fast wahnsinnig« gewesen sei. Ist sie es nicht eher geworden, als sie die Situation erkannte?

Als Jenny 1881 im Alter von sechsundsechzig Jahren starb, kümmerte sich Helen weiter um den schwerkranken Marx bis zu dessen Tod im Jahre 1883. Als zweite Mutter der Kinder, zweite Frau des Familienoberhaupts, aber Erster Steuermann des Hauses war sie die einzige Person, vor der Marx zitterte: Sie kannte seine Schwächen und ließ ihn nach ihrer Pfeife tanzen.

27.

Als Nietzsche im April 1882 in Rom zum erstenmal Lou Andreas-Salomé begegnet, einer blonden jungen Russin, die in Begleitung ihrer Mutter Europa bereist, begrüßt er sie emphatisch: »Von welchem Planeten mögen wir beide wohl gefallen sein?« Ein schöner Ausspruch, sicherlich vorher zurechtgelegt ... Einige Stunden später bittet er sie um ihre Hand. Das ist seine Art, die Art eines tolpatschigen Junggesellen, den Hof zu machen oder besser: es zu vermeiden. Sechs Jahre zuvor hat er sich in Genf gegenüber einer gewissen Mathilde Trampedach genauso verhalten. Bei Lou wendet er sich mit todsicherem Instinkt für den Fehlschlag an den am wenigsten geeigneten Vermittler: an Paul Rée, einen deutschen Philosophen, der ebenfalls in die junge Russin verliebt ist.

Nietzsche fühlt sich von Lou auf der Stelle angezogen, körperlich angezogen, aber seinen Freunden gegenüber behauptet er wider jeden Augenschein, sie sei nicht schön, obwohl alle Zeugen das Gegenteil sagen. Doch Nietzsche will nicht anerkennen, daß Lou andere als intellektuelle Reize haben könnte, als ob die Anziehungskraft dieses Frauenkörpers bedrohlich wäre. »Sie ist die klügste aller Frauen«, wiederholt er ständig, wie um sich ein Alibi zu verschaffen. Hat er es gewagt, ihr zu sagen, daß sie schöne Augen hatte? Dieser Apostel des Körpers, der die christliche Askese anprangert, findet nicht den Mut, sich zu seinem Erschauern, zu seiner Sinnlichkeit zu bekennen. Die theoretischen Unterhaltungen mit Lou schiebt er vor, um ihr nicht seine Liebe zu gestehen. Auch Lou kommt dabei übrigens auf ihre Kosten. Mit Nietzsche über Philosophie zu reden ist für sie ein reines Profitgeschäft. Verliebt war sie nie in diesen steifen, geschwollen redenden Mann, der in seinen Manieren ganz »deutscher Professor« geblieben und zur Spontaneität unfähig war. Sie konnte ihn allenfalls bewundern, mehr nicht.

Ihre Beziehung verschlechterte sich, als er vorgab, sie zu seiner Schülerin machen zu wollen. Das war nicht nach Lous Geschmack. Gegenüber Männern verhielt sie sich in jenen Jahren nach einer besonderen Devise: weder Heirat noch wilde Ehe, weder Flirt noch Liebesleidenschaft, sondern Promiskuität ohne Sex. Eine Gemeinschaft reiner Geister, ein Philosophentrio, das schlägt sie ihren beiden Verehrern Rée und

Nietzsche vor. Der Plan wird niemals verwirklicht, außer auf einem Photo, das in der Schweiz aufgenommen wurde. Es zeigt sie alle drei, die beiden Männer in die Deichsel einer Karre eingespannt und Lou in aufrechter Position als Kutscher, die Peitsche in der Hand.

Nietzsche war natürlich eher an einem Duo mit ihr gelegen, am Tête-à-tête. Schwer zu organisieren! Diese ganze Geschichte ist gefangen in den Konventionen der damaligen Zeit: Eine junge Frau kann nicht allein mit einem Mann ausgehen, der nicht zu ihrer Familie gehört usw. Bei einem Spaziergang zu zweit auf dem Monte Santo gewährt sie ihm einen Kuß. Nietzsche braucht Jahre, um sich davon zu erholen. Als Lou in Bayreuth mit Offizieren zu flirten scheint, wird er wütend. Er weist die junge Frau scharf zurecht, und sie empört sich, welche Rechte er sich ihr gegenüber herausnimmt. Das ist der Bruch. Nietzsche glaubt sich betrogen, wirft ihr »katzenhaften Egoismus« vor und daß sie »Wissensbereicherung als ein Vergnügen wie jedes andere betrachtet«. In diesem Punkt hat er recht. Für Lou war die Philosophie nur eine Möglichkeit, ihr kostbares Ego einer jungen »emanzipierten« Frau zu entwickeln. Zu ihrer Entlastung muß man übrigens zugeben, daß sie die unmögliche Rolle des Unter-Zarathustra in Röcken zu Recht ablehnte. Sie war daran interessiert, sich der Philosophie so weit wie möglich zu nähern, aber auf ihre Weise. Sie wollte sich daran reiben. Wie eine Katze.

28.

In der großen Lüge, die diese kurze Geschichte war, ein Aufschrei von Nietzsche: »Aber von jetzt ab, wo Sie mich berathen werden, werde ich gut berathen sein und brauche mich nicht zu fürchten.« Was für ein Geständnis! Weshalb dieses »sich fürchten«? ... Nietzsches Verzweiflung findet sich hier und vielleicht sein Masochismus. »Du gehst zu Frauen? Vergiß die

Peitsche nicht!« hat er geschrieben, und man will darin generell nur Frauenfeindlichkeit sehen. Aber man sollte sich vielmehr fragen, wer die Peitsche schwingt. Auf dem in der Schweiz aufgenommenen Photo ist es Lou. Verweilen wir bei dieser Aufnahme: Man entdeckt, daß die Peitsche in Wirklichkeit ein schlichter Stock ist, mit Blumen geschmückt und mit einer armselig baumelnden Schnur versehen. Nichts, womit man eine Katze peitschen könnte oder einen Philosophen ... Warum mußte Nietzsche sich fürchten? Warum mußte er aus dieser Geschichte zerrissen, verwundet, tödlich getroffen hervorgehen?

29.

Hipparchia war eine junge Athenerin aus gutem Hause, die ihre Eltern an dem Tag zur Verzweiflung brachte, als sie beschloß, mit dem kynischen Philosophen Krates zusammenzuleben. Er war nicht schön, er lehnte Reichtümer ab, was fand sie an ihm? Er war anders ... Er redete auf die Passanten mit Worten ein, die für griechische Ohren unerhört waren. Er sagte zum Beispiel, die Athleten der Olympischen Spiele seien Idioten, die Generäle Eselsführer ... Hipparchia war ganz verzaubert. Als sie ihn bat, mit ihr zu leben, entkleidete er sich vor ihr und sagte: »Sieh her. Das ist alles, was ich dir geben kann.« Sie zögerte nicht. Sie folgte dem Philosophen, führte mit ihm ein hartes Leben, ohne Komfort, ohne elegante Tunika, ohne Plateausandalen, ausstaffiert mit dem Unisex-Zubehör der Kyniker: Quersack, Stock und Mantel. Manche Schriftsteller des Altertums behaupten, das skandalträchtige Paar habe sich auf der Straße geliebt. Aus ihren öffentlichen oder privaten Liebesspielen ging ein Sohn namens Pasikles hervor, der immerhin so gebildet war, daß er unter Anleitung Euklids Geometrie studierte. Als Spezialist für Bonmots pflegte sein Vater Krates zu sagen, jeder Mensch habe einen Fehler wie jeder Granatapfel einen verdorbenen Kern. Nur Hipparchia, dieser untypische Granatapfel, nicht?

30.

Rousseau hat seine Kinder der staatlichen Fürsorge überlassen. Fünf Kinder, fünf Ausgesetzte! Das zeugt von einer schönen Beständigkeit. Als die kleinen verlassenen Rousseaus groß waren, hat der Zufall der Geschichte sie vielleicht – wer weiß – in irgendeine Lesestube geführt, wo sie an Ort und Stelle ein Werk lesen oder ausleihen konnten, das gerade in Mode war, zum Beispiel *Emil*, ein Erfolgsbuch über die ideale Erziehung, geschrieben von … Jean-Jacques Rousseau. Vielleicht haben sie es gelesen, Joseph Catherine und Marie Françoise Rousseau, zwei der besagten mutmaßlichen Sprößlinge, deren Spuren man im Register »ausgesetzte Kinder« wiedergefunden hat. Denn die Eltern hatten damals die Möglichkeit, ihre Kinder unter ihrem Familiennamen auszusetzen, um sie später vielleicht zurückzuholen, in besseren Tagen … Eine Lösung, die Rousseau für keines der fünf je ins Auge gefaßt hat, auch wenn er später behauptete, er habe seine Kinder nie ausgesetzt. Was in gewisser Hinsicht zutrifft: Es war seine Gefährtin Thérèse Levasseur, die Mutter, die sie zur »Drehscheibe« bringen und sie heimlich in den speziellen Faltentaschen dieser Drehvorrichtung an der Wand des Krankenhauses ablegen mußte. Erleichtert? Gebrochen?

Sie, Thérèse Levasseur, die andere Hälfte des Problems, hätte ihre Kinder mit Sicherheit gern behalten. Und Rousseau hatte im übrigen, gleich, was er sagt, die finanziellen Möglichkeiten dazu. Aber statt sich auf »Jean-Jacques« zu fixieren, dessen Sache absolut nicht zu verteidigen ist, kann man sich fragen, unter welchem Zwang, unter dem Joch welches Tyrannen diese arme Thérèse – arm an Geld und Geist –, die Rousseau 1746 im Alter von vierunddreißig Jahren kennenlernte (sie war fünfundzwanzig), fünfmal hintereinander den Weg zum Krankenhaus Hôtel-Dieu antrat, ihr lebenswarmes Bündel unter dem Arm.

31.

War es Gehorsam gegenüber Rousseau und Angst, wieder auf der Straße zu landen? Ja, aber auch Angst vor ihrer eigenen Mutter Catherine Levasseur, einer energischen, klugen Frau, die rasch erkannte, was für eine Goldader dieser »Schwiegersohn« darstellte, ein berühmter Schriftsteller, empfangen bei Hof, protegiert von den bedeutendsten Persönlichkeiten. Schon 1750, als sich Rousseau, damals Sekretär des wohlhabenden Dupin, mit Thérèse in der Rue de Grenelle-Saint-Honoré niederläßt, hat die Familie Levasseur nichts Eiligeres zu tun, als mit dem Paar zusammen einzuziehen. Und es ist keine kleine Familie! Eine furchterregende Sippschaft von gut zehn Personen, die Rousseau selbst »die Hungrigen« nennt. Im Dezember 1751 stiehlt man ihm eine Anzahl schöner Hemden, aber er zieht es vor, keine Klage zu erheben: der Dieb ist ein Cousin von Thérèse.

Aber kommen wir auf die »Drehscheibe« zurück. Man kann also sicher davon ausgehen, daß die Aussetzung mindestens einmal, vielleicht zweimal unter Angabe des Familiennamens erfolgte, damit man die Kinder später zurückholen konnte. Genau das dürfte Catherine Levasseur zu ihrer Tochter gesagt haben: später ... Hätte man ihre Kleinen wie Kätzchen ertränkt, wäre Thérèse vielleicht endgültig gegangen. Aber wohin? Es war die Zeit der großen Hungersnot. Man erinnere sich an die Anekdote, die Rousseau 1739 aus Les Charmettes erzählt. Madame de Warens läßt ihre beiden Diener durchsuchen und findet in ihren Taschen eine phantastische Beute: einige Handvoll Bohnen, Kastanien, Brot. Der Hunger ... Ja, wohin? Für Thérèse lag die einzige Zukunft bei den Levasseur-Rousseau. Jede Schwangerschaft belebte in ihr die Hoffnung, daß man ihr diesmal das Kind lassen würde. Aber nein, weder Rousseau noch Catherine Levasseur ließen mit sich reden. Einen Mund mehr zu füttern bedeutete für die »Hungrigen« entsprechend weniger im Napf und im Magen. Und für Rousseau, den ewigen Kranken, verhieß eine »Görenplage« (der Ausdruck stammt von ihm) weniger Pflege durch Thérèse, die er im Lauf der Jahre zu seiner Dienerin, Konkubine und Krankenschwester gemacht hatte. Er hat sie übrigens nie geheiratet – im Gegensatz zu seinen Beteuerungen in den *Bekenntnissen* –, allenfalls mit einer Scheinzeremonie. Nie hat er ihr auch nur den Rang einer Konkubine zugestanden, und nie hat er sie bei Tisch geduldet, wenn er seine Freunde empfing, unter denen selbst die Adligen diese Art von Vorurteil nicht teilten. Wie unsicher auch die Verbindung der Diderots war, Toinette, die sich weder durch Geist noch durch edle Abstammung auszeichnete, hat doch entschieden andere Hochachtung erfahren ... Als die Herzogin von Luxembourg Thérèse ein Kleid schenken wollte oder als der König der Lebensgefährtin des großen Rousseau eine Pension in Aussicht stellte, geriet dieser in Rage. Ein Kleid! Eine Pension! ... Für wen hielt man ihn? Wollte man ihn demütigen? ... Er lehnte ab. Pech für Thérèse. Aber das Wichtigste für diesen empfindlichen Mann war die Erhaltung der Stabilität seiner »kleinen Ehe«, wie er es nannte. Eine Bezeichnung, die nach Zärtlichkeit duftet ... Eine erlesene kleine Ehe in der Tat, unter der Herrschaft der Mutter Levasseur zu leben, ein Joch, das ein Verfechter der Freiheit und großer Lehrmeister schwerlich beim richtigen Namen nennen kann. Zum Glück für Rousseaus Ruhm hat Thérèse, die nahezu Analphabetin war, nie ihre Memoiren geschrieben!

XVII
Über die lebendige Sprache

1.

Augustinus pflegte zu improvisieren, wenn er sich an seine Getreuen in Hippo Regius wandte. Er nahm auf einer *cathedra* Platz, einem Rednerstuhl, und seine Zuhörer standen weniger als fünf Meter entfernt von ihm. Dieses Publikum lebte in einer Welt der Worte. Es war bereit, sich zu bekehren, wenn der Redner nur brillant war, wenn es etwas zu sehen gab und in seinen Worten eine höhere Natur zum Ausdruck kam. Das war bei Augustinus der Fall. Er war ein regelrechter Weltmeister der Predigt (mehr als fünfhundert Predigten sind von ihm erhalten). Augustinus verfügte über einen eindrucksvollen Vorrat an Zitaten, die er aus der Bibel oder von griechischen Autoren entlehnte, hatte in Karthago Rhetorik studiert und gelehrt und kannte sämtliche Finessen des Berufsredners. Er glänzte mit Anekdoten und Anspielungen, mit Etymologien, Wortspielen und Scherzfragen (darunter auch: »Warum gibt es dreizehn Throne für zwölf Apostel?«, die Antwort ist leider nicht überliefert). Er hatte keine Scheu, anstelle von Gedichten volkstümliche Lieder zu komponieren wie den »alphabetischen Psalm gegen die Donatus-Partei«.

2.

Plotin hielt keine Vorlesungen. Er forderte seine Hörer lediglich auf, ihm Fragen zu stellen. Er antwortete, die Schüler kommentierten seine Antwort untereinander, während irgend jemand die nächste Frage stellte. Ergebnis: ein Durcheinander von sich überkreuzenden Unterhaltungen und Einzeldiskussionen. Kein Vergleich mit einem Hörsaal: weder systematische Darlegung noch klappernde Pädagogik. War das nicht ein wenig enttäuschend für den Besucher, der zuweilen von weither kam, um an den Höhenflügen des Neoplatonismus teilzuhaben? Nicht wirklich; zu übermächtig war das Charisma des Plotin, der für seine Sanftheit und sein Wohlwollen berühmt war. Wenn er sprach, lief ihm ein wenig Schweiß über die Stirn. Er formte keine Schüler, er hatte die innere Kraft, dieses schöne Durcheinander zu steuern.

3.

Die Vorlesungen Wittgensteins fanden vor einer auf etwa fünfzehn Personen beschränkten Hörerschaft in seiner Wohnung am Trinity College in Cambridge statt. Jeder Student brachte seinen Stuhl mit, Verspätungen wurden nicht geduldet, und regelmäßige Anwesenheit war unerläßlich. Keine Touristen, keine Gaffer! Wittgenstein hielt seine Vorlesungen ohne Vorbereitung und ohne Notizen. Eine sokratische Methode? Nein, denn hier war es der Meister, nicht der Schüler, der niederkam. Wittgenstein rang mit seinen eigenen Ideen, er fand sie ungenau, nicht klar genug, konventionell, schlecht verknüpft. Er litt. Keinerlei Narzißmus, keine Artistennummer, es war, als ob er ganz allein laut nachdächte. Bei der Verfolgung seiner schwerverständlichen Äußerungen, in denen es um formale Logik und Mathematik ging, wohnten seine Studenten einer Live-Forschung bei, sahen sie ein Gehirn *in vivo*.

Ein Kunstgriff war nicht möglich, jede Vorlesung war eine Wahrheitsprüfung, in Großaufnahme gefilmt, bei der sich etwas für den Professor Lebenswichtiges abspielte. Alles war improvisiert, keinerlei Tricks. Kein Buch, hinter dem man sich verstecken konnte, kein Autor, den man zitieren konnte, keine Notizen, an denen man sich festklammern konnte. Wittgenstein war selten zufrieden mit sich, und es machte ihm nichts aus, sich an schlechten Tagen bei seinen Hörern zu entschuldigen und sich selbst laut einen Dummkopf zu nennen.

Nach seinen Kursen flüchtete er sich sogleich ins nächstgelegene Kino, um zu vergessen. Als ob er mit seiner Vorlesung eine schlechte Tat begangen hätte. Er nahm in der ersten Reihe Platz, so daß sein Blickfeld vollständig von der Leinwand ausgefüllt war. Er entschied sich für Filme der zweiten Kategorie, für Western und Schmarren, die verhinderten, daß er an andere Dinge dachte.

4.

Als Bergson Professor am Lycée von Angers war, nahm er während seiner Vorlesungen nie den Hut ab. Warum dieses Zubehör? Bergson hatte eine ganz besondere Vortragsweise. Er diktierte seinen Stoff, tat aber so, als ob er improvisierte. Er sprach langsam, hielt mitten im Satz inne, wie wenn er das richtige Wort suchte. Er hatte es parat, aber er heuchelte ein Zögern, um die Aufmerksamkeit stärker zu fesseln. Er sprach nicht wie ein Redner, aber auch nicht wie ein Plauderer. Der Philosoph war als durchreisender Gast bei seinen Hörern, er nahm den Hut nicht ab, er blieb bedeckt.

5.

Gorgias aus Sizilien, Hippias von Elis, Prodikos von Keos, Protagoras aus Abdera, Thrasymachos aus Chalcedon: diesen Persönlichkeiten, die mit großer Begleitung, umringt von einer Schar Bewunderer von Stadt zu Stadt zogen, ist es zu verdanken, daß die Philosophie zu Platons Zeiten und innerhalb nur einer Generation zu einem wahren Schauspiel, einem Fest der Redekunst wurde. Die »Sophisten«, wie man sie nannte, boten einen unerhörten Unterricht an. Sie lehrten, wie man »Gemeinplätze« entwickelt, anhand derer man über jedes Thema reden konnte. Eine der Spezialitäten des Gorgias bestand in der Kunst, sich auf alle Gelegenheiten einzustellen. Die Sophisten lieferten auf Anfrage des Kunden »Panegyriken«, »Antinomien« (Reden, die auf überzeugende Weise sowohl These als auch Antithese bewiesen). Sie konnten auch improvisieren, wie Hippias, der niemals die Olympischen Spiele verpaßte. Er richtete sich in einem Altarraum ein und redete drauflos – für einen guten Preis. Denn die Sophisten ließen sich teuer bezahlen. In Athen hatten sie sich übrigens eine reiche Klientel ausgesucht: Söhne aus gutem Hause, die eine politische Laufbahn einschlagen wollten und deshalb das Reden erlernen mußten. Bei den Sophisten bringt die Philosophie erstmals in der Geschichte eine Menge ein.

Ein Vorbild? Auf jeden Fall ein geeigneter Gegenpol zu den Philosophen an der Universität, diesen modernen Philosophen, die man sich etwas gauklerischer, weniger seminaristisch und dissertatorisch wünschen würde. Das periodische Auftreten von clownesken Philosophen – einst die »neuen Philosophen« – ist stets erfreulich, nicht nur, weil das Schauspiel, das sie bieten, schon ein Wert an sich ist, sondern auch, weil es Vitalität signalisiert. Immerhin steckt ein lebendiger Körper dahinter. Wenn man das Leben akzeptiert, muß man auch seine Kuriositäten akzeptieren, einschließlich der allernärrischsten.

6.

Tausendfünfhundert Jahre später, um das Jahr 1200 herum, erlebt die Sprache einen neuen Aufbruch, diesmal in Paris. Das geistige Leben verläßt die Klöster und dringt in die Städte vor. Texte von Aristoteles und von arabischen Philosophen treffen wie neu aus Spanien ein. Ein Sprachrausch überfällt das gebildete Publikum, die Meister, die »Scholaren«. Ein Ausdruck faßt dieses Wortfieber zusammen: »Dialektik«, was soviel bedeutet wie Kampf, Konfrontation, Umkehrung der Lage und der Argumente, die Kunst, Widersprüche nicht zu beseitigen, sondern zur ureigenen Materie der Philosophie zu machen.

7.

Die *disputatio*, der Disput, war die öffentliche Darlegung widersprüchlicher Thesen. Die Philosophie bekam darin etwas Spielerisches, Sportliches. Diese Turniere konnten einen halben Tag dauern, Studenten, Meister und durchreisende Persönlichkeiten drängten sich danach. Es war das geistige Äquivalent zu den sportlichen Wettbewerben. Man konnte einen Disput kommentieren, wie man heute einen Boxkampf oder ein Tennismatch kommentiert.

8.

Im Jahre 1583 veranstaltet Elizabeth von England zu Ehren ihres Gastes, des polnischen Prinzen Albert Alasco, diverse Feierlichkeiten. Außer Konzerten, Ballettauftritten und Akrobatennummern hat die Königin zu seiner Zerstreuung auch einen Philosophenwettkampf in Oxford vorgesehen. In der Arena Giordano Bruno aus Neapel gegen eine englische

Auswahl von Aristotelesanhängern. Die Begegnung wird in drei Konferenzen ausgetragen. Jedes Lager hat seine Gehilfen, seine »Verstärkungstruppen«. Es kam übrigens vor, daß der Champion nicht selbst zu »disputieren« geruhte und einen seiner Stellvertreter delegierte. An diesem Tag kämpft Bruno persönlich. Er spricht natürlich Latein, aber mit einem starken neapolitanischen Akzent: »*tschentrum*«, »*tschirculus*«, »*tschircumferentschia*«. Er verteidigt die Thesen des Kopernikus: Die Erde bewegt sich, die Sterne dagegen sind unbeweglich. »In Wirklichkeit war es eher sein eigener Kopf, der sich drehte, während sein Gehirn sicherlich nicht unbeweglich blieb«, kommentiert ein Zuschauer, Georges Abbot, der zukünftige Bischof von Canterbury. Aber ein anderer Zuschauer im Publikum ist verblüfft. Der Vortrag Brunos erinnert ihn an etwas. Er geht in die Bibliothek, um sich zu vergewissern, und stellt fest, daß Brunos Argumente nahezu wörtlich dem Buch *De vita coelitus comparanda* von Marsilio Ficino entnommen sind. Dank seines ausgezeichneten Gedächtnisses, das er mit Übungen perfektionierte, kannte Bruno diese Schrift auswendig. Die Engländer sagen nichts und lassen Bruno eine Chance. Aber in der zweiten und auch in der dritten Runde fährt dieser fort, Wort für Wort aus dem Buch Ficinos vorzutragen. Verwunderung, aber vor allem kein Skandal ... Man nimmt den Neapolitaner beiseite, gibt ihm zu verstehen, daß sein Verhalten schockierend sei und er Oxford schnellstens zu verlassen habe. Im Gegensatz zu seiner späteren Behauptung, sein Gegner habe angesichts seiner fünfzehn Syllogismen »wie ein Huhn vor einem abgeernteten Feld« bewundernd innegehalten, hat Bruno dieses Match also durch Disqualifikation verloren, ein Opfer dessen, was man intellektuelle Dopingkontrolle nennen könnte.

9.

Eine weitere Spielart des Disputs, die »Quodlibet« genannt wurde (oder »quodlibetisch«, nach dem lateinischen *quodlibet*, irgend etwas), bestand darin, einen Philosophen über ein beliebiges Thema zu befragen. Dieser Globaldisput glich dem Hochleistungssport ... Übrigens waren für ihn Regeln festgelegt. Er war nur zu zwei Jahreszeiten erlaubt: in der Fastenzeit und im Advent. Das Thema wurde zu Beginn der Sitzung bestimmt, und zwar *a quodlibet*, durch irgendwen, und *de quodlibet*, über irgend etwas. Ein schwacher Redner riskierte dabei zusätzlich irgendwelche Anzüglichkeiten.

10.

Seine Texte laut vor einem Auditorium vorzutragen, das ist die Nagelprobe! Hätte Kants Atem gereicht, seine *Kritik der reinen Vernunft* laut vorzulesen? Hätte Heidegger mehr als einen Absatz von *Sein und Zeit* deklamieren können, ohne für ein Heidengelächter oder Verblüffung zu sorgen? »Wenn ein Autor« im Mittelalter »wissen wollte, ob sein Werk gut oder schlecht war, testete er es vor Publikum und mußte einen Saal und Stühle mieten« (Jacques Le Goff). Gar keine schlechte Methode in demoskopischer Hinsicht. Die Philosophen von heute müßten häufiger einen Saal und Stühle mieten. Sie schrieben authentischer, wenn ihre Worte auf ein authentisches Publikum stießen.

11.

Das berühmte *tetrapharmakon* des Epikur, seine »vier Arzneien« gegen Furcht, seine heilenden Worte, wurden mit lauter Stimme vorgetragen:

Man darf die Götter nicht fürchten.
Man darf den Tod nicht fürchten.
Lust ist allen zugänglich.
Schmerz ist zu ertragen.

Es scheint darin einen Rhythmus zu geben, den griechische Ohren wahrnahmen. Vielleicht schlossen die Schüler beim Aufsagen die Augen, bewegten den Kopf, den Oberkörper hin und her. Es war wie ein Abzählvers für Erwachsene. Wenn man Epikureismus kühl unterrichtet, wie sollen die Studenten etwas davon begreifen?

12.

Philosophie beginnt, wenn ein Schüler von einer Stimme beeindruckt ist, von der Stimme seines Meisters, von seinem Wort, das die Gemeinschaften zusammenschweißt – Sekten oder Schulen. Wenn ein Denker nur Schriftliches hinterlassen hat, mag es auch noch so verbreitet sein, begründet er kein Geschlecht. Das verlängerte Echo eines Meisterwortes verbindet die Schüler untereinander. Auf diesem Gebiet schafft das Echo im Gegensatz zu den physikalischen Gesetzen Wände. Ohne das Wort, vom Mund ans Ohr weitergegeben, zerfällt die Schule. Wenn das Wissen der Philosophen etwas anderes ist als eine Sammlung vertrockneter Gedanken, die zusammengeheftet und sortiert in Bibliotheken lagern, etwas anderes als theoretisches Wissen oder Handhabung von Konzepten, wenn es auch Lebenskunst bedeutet, wenn es hilft zu handeln, zu beschwichtigen, zu trösten, zu argumentieren, einen Fürsten zu beraten, die Erkenntniskraft zu erneuern, entschlossenen Schritts durch das Leben zu gehen, dann findet es sich nicht zuerst in den Büchern, sondern im lebendigen Wort der Philosophen.

13.

Platon erklärt, daß Geschriebenes nur ein falsches Wissen erzeugt, daß das Buch in entgegengesetztem Sinne wirkt, weil es Antworten auf Fragen gibt, die man sich nicht gestellt hat, und nicht antwortet auf Fragen, die man ihm gern stellen würde. Platon behauptet, daß geschriebene Reden nur ein bequemes Notizbuch sind. So war übrigens die Praxis zu seiner Zeit. Um eine Lehrmeinung weiter zu verbreiten, um auch Schüler in der Ferne zu unterrichten, war das Geschriebene nützlich wie ein Transportmittel. Aber einmal an Ort und Stelle angelangt, dort, wo es um die Seele und ihr Heil ging, wurde der Brief des Meisters stets laut vorgelesen.

Wenn Platon recht hat, wenn jeder Denker, der dieses Namens würdig ist, nur der Sprache das Wesentliche seines Denkens anvertraut, dann muß man Alarm schlagen. Denn in diesem Fall verfügen wir heute lediglich über den Abschaum der Philosophien. Was wir von Platon besitzen, ist nur der untergegangene Teil seines Werkes. Der Rest, das Wichtigste, war dem Mündlichen anvertraut und ist folglich verlorengegangen. Arme Kommentatoren, die glauben, mit einem Buch auch die Substanz einer Denkweise zu besitzen.

14.

Im Sommer 1980 gewährt Louis Althusser dem italienischen Fernsehsender RAI ein Interview. Die Aufnahmen finden im Freien statt, auf einer Terrasse in Rom. Es ist das erste Mal, daß Althusser einverstanden ist, im Fernsehen zu sprechen. Bis dahin hat er ein diskretes, geheimes Leben geführt, das Leben eines Eingesperrten, der sein Büro in der Ecole Normale Supérieure in der Rue d'Ulm – wo er seine Wohnung hatte – nur verließ, um sich – sehr häufig – anderswo einsperren zu lassen: in psychiatrischen Kliniken. Ein sehr akademisches

Leben: Schüler und dann vierzig Jahre Professor an der gleichen Schule. Ein Dozent, der weitere Dozenten hervorbringt ... 1980 also tritt Althusser heraus aus dem Schatten und exponiert sich in der Sonne Roms vor dem Licht der Fernsehscheinwerfer. Was sagt er? Erstaunliche Dinge aus dem Mund des großen marxistischen Philosophen, als der er gilt ... Kommunist ist er gewesen, weil er Katholik war, ein Glaube, den er nie verloren hat. Der Mann, der für seinen Weg als Philosoph entscheidend war, heißt Jean Guitton, ein traditionalistischer Katholik und Pétainist. Zur gleichen Zeit erklärt Louis Althusser bei einem Kolloquium in Italien einer schockierten Hörerschaft sogar, daß »der Sozialismus Scheiße ist«. Louis Althusser! ... Dieses andere Gesicht, sein verborgenes Gesicht, seine Schattenseite, rückt er bewußt ins volle Licht. Er sagt »ich«, erzählt von sich selbst, schreibt eine posthum erschienene Autobiographie (*Die Zukunft dauert lange*), in der er seine Karten aufdeckt und ausführlich von »Hochstapelei« (das Wort stammt vom Autor selbst) und doppeltem Spiel spricht.

Es gab den »offiziellen« Philosophen – bekannt durch seine Bücher –, und nun entdeckt man einen Privatphilosophen. Es gab eine Denkweise, und die Öffentlichkeit erfährt von einer Lebensweise. Bis dahin hat sich Althusser nur im unpersönlichen, theoretischen Vortragsstil geäußert. Er, der Strenge zum Schlüsselwort der Philosophie machte, der Spinoza wegen seiner untadeligen Kälte bewunderte, der alles Pathetische aus der Philosophie entfernte, ändert mit einem Mal vollkommen seinen Stil. Plötzlich greift er zu Provokationen, Pirouetten, Paradoxien. Am Schluß des Interviews dann eine Art Apotheose. Man sieht, wie er seinen altersgebeugten Körper aufrichtet, und hört seinen Vorschlag, dem Papst einen Besuch abzustatten. Ernstgemeint, nicht ernstgemeint? Muß man hier die ersten Anzeichen seines geistigen Zusammenbruchs sehen (ein paar Monate später wird er seine Frau Hélène in einem Anfall geistiger Umnachtung erwürgen)? Das

Gegenteil ist der Fall: endlich offenbart sich der Denker in seiner alltäglichen Wahrheit. Denn all seine Angehörigen beschreiben Althusser so: ein Provokateur, ein Zyniker, ein Sophist, ein Manipulator der Öffentlichkeit (selbst aus seiner Abgeschlossenheit heraus) ... In seinen Büchern achtet er darauf, diese Figur zu unterdrücken, jeden persönlichen Zug auszulassen, er, der mit allen Fasern in der Philosophie lebte. Welche Selbstverleugnung! Aber unter der Sonne Italiens zeigt er sich plötzlich als einer, den die Krise des Marxismus und des Kommunismus im Innersten verändert hat. Wir haben nicht mehr einen neuen Spinoza vor uns, sondern eine Art Diogenes. Der Philosoph ist mit einem Mal in der Öffentlichkeit so, wie er im Privatleben war.

Das ist die gute Botschaft dieses Interviews, das gleichsam einen Blick hinter die Fassade zuläßt. Es zeigt die Kulissen von *Das Kapital lesen* und *Für Marx* in dem kritischen Moment, da sich der Schauspieler mit Beklemmung bewußt wird, daß er seine Rolle nicht mehr spielen und seinen Text nicht länger aufsagen kann. Die letzte Lektion Althussers lautet: die Theorie ist nicht nur eine Sache der Konzepte, sondern von Anfang an, »immer bereits da«, wie die Althusserianer sagten, eine Sache des Lebensstils, das heißt von Moral und Geste. Zum Beispiel aufstehen, um dem Papst einen Besuch abzustatten ...

XVIII
Ein begrenztes Publikum

1.

1637 zeichnet ein berühmter Mathematiker im Alter von einundvierzig Jahren seinen Lebensweg nach. Er tut es in Französisch, das heißt in der Volkssprache, damit »die Frauen auch etwas davon begreifen«. Er heißt Descartes und sein Buch *Discours de la méthode*. Er beschließt, sich über die ach so gelehrten Köpfe von seinesgleichen hinweg direkt an das breite Publikum zu wenden. Ein wagemutiger Schritt auch für ihn selbst. Denn wenn Descartes argumentierte, geschah es spontan in Latein. Latein, eine gelehrte und vertraute Sprache. Die Gymnasiasten mußten nicht nur von morgens bis abends lateinisch schreiben, sondern auch sprechen. Wie polyglott mögen die Träume in den Schlafsälen gewesen sein! Ein Schüler des Collège de France mußte nach einem langen Studientag einfach überwiegend lateinisch träumen ... Und Descartes' Träumereien frühmorgens in seinem Bett, die freie Assoziation von Gedanken und Worten, das »Federbett-Bettstatt-Statthalter« seiner Zeit – wie wird das vor sich gegangen sein bei ihm, der die Poesie und barocke Delirien so sehr liebte? In Latein oder in Französisch? Wenn er an die Substanz dachte, das Sein, die Quintessenz (*quinta essentia*), die Perfektion, meldeten die lateinischen Worte ihre Anwesenheit. Aber um sein Leben zu erzählen wie im *Discours*, schaltete er seinen Denkapparat wie ein Amphibienfahrzeug um auf die »gewöhnliche« Sprache ... Dieser Freund der Mechanik hat den philosophischen Geländewagen erfunden, mitten hinein in die schlammigen Tümpel des Französischen. Und zwar ohne Rücksicht auf die Schulmeister! ... Wo bleiben dabei die Würde und der Anstand des Philosophen? Diese Unverfrorenheit hat ihn nicht daran gehindert, bei Gelegenheit die Sprache der Hochgelehrten, die Sprache seiner Meister zu benutzen. Er schrieb die *Meditationen*, die *Prinzipien* und die *Regeln* in Latein (und ließ sie dann ins Französische übersetzen). Diese gelehrten Werke zielten auf die Sorbonne, die Universitäten und andere europäische Akademien. Der *Discours* dagegen zielte weiter: auf das »breite Publikum« (der Zahl nach winzig klein), die Salons, den Hof. Sogar auf die Frauen ...

2.

Als Philosoph zu reden, heißt das Echo seiner Sprache zu begrenzen, einen Raum zu entwerfen, eine Schwelle zu bestimmen, die Höhe der Tür festzulegen. Wie Epikur sagt: »Der Weise wird wohl eine Schule eröffnen, aber er wird nicht danach trachten, das Volk hinter sich zu sammeln.« Denn je weiter sich die Botschaft verbreitet, desto stärker wird sie entstellt.

Darf der Philosoph aus den Kulissen sprechen, vielleicht sogar laizistisch und republikanisch? Die Zielgruppe ist universell, aber der Ausdruck ist stets privat, beschränkt auf ein besonderes Publikum. Alain sagte: »Ich schreibe für tausend Personen.«

Was wird aus der Philosophie, wenn sie sich an das breite Publikum wendet? Scheußliche Gemeinplätze, zählebige Klischees, Metaphysik als Küchenzettel und »ABC fürs Abi« ... Was man heute so in Umlauf findet über Platon und die »platonische Liebe«, Machiavelli und den »Machiavellismus«,

Rousseau und die »Rückkehr zur Natur«. Marx? Er erklärte alles mit der »Ökonomie«. Freud? Mit dem »Sex«. Usw. Der Erfolg der Vernunft erzeugt Ungeheuer.

3.

Alles in allem geschieht es den Autoren ganz recht … Sie suchen das Echo der Nachwelt, indem sie Bücher machen, sie finden es. Sie wollen ihres Geistes Kinder hervorbringen, sie hinterlassen Bastarde. Einige der Erfahreneren wie Plotin wollten sich davor schützen. Er vertraute seine Bücher nur einer kleinen Zahl sorgfältig ausgewählter Personen an, Lesern seines Vertrauens, die sich verpflichteten, sein Werk ganz bewußt zu verbreiten.

4.

Spinoza wollte sein Hauptwerk, die *Ethik*, nie veröffentlichen. Zu gefährlich … Glorreiche Epoche, in der ein Denker ein solches Werk in einer Schublade lassen konnte! Aus den gleichen Sicherheitsgründen gelangten der *Traktat über die Reform des menschlichen Verstandes* und der *Traktat über die politische Autorität* nicht an die Öffentlichkeit. Außer den *Prinzipien der Philosophie von Descartes*, eine einfache pädagogische Abhandlung, die ausreichte, ihn berühmt zu machen, ließ Spinoza lediglich den *Theologisch-politischen Traktat* erscheinen. Er schrieb für einige Freunde aus Holland und wartete auf bessere Zeiten. Vor allem hütete er sich vor den anderen Philosophen. Als der Heuchler Leibniz ihn um das Manuskript der *Ethik* bat, lehnte er ab.

Nach seinem Tod konnte man sich überzeugen, daß diese Vorsicht kein Luxus war. »Spinozistisch« wurde zu einem Adjektiv, das einen auf den Scheiterhaufen bringen konnte.

»Diese durch göttlichen Fluch dornenbedeckte Erde (*terra spinoza*) hat nie einen verwünschteren Mann, einen Mann mit dornigeren Werken getragen«, schrieb ein Polemiker im 18. Jahrhundert. Spinoza? Ein wahrhaft dorniger Fall ...

5.

»Die Worte verfliegen, die Schriften bleiben.« Die Schriften bleiben tatsächlich, aber in den Händen von Manuskripträubern, von professionellen Einbalsamierern, von Wiederverwertern jeglichen Literaturgenres. Die Schüler, die Erben, die Anspruchsberechtigten lassen es sich nicht nehmen, zu publizieren, was der Autor vernichten, festzuhalten, was der Autor publizieren wollte. Manchmal gestalten sie die Bücher regelrecht um. So ist es Nietzsche ergangen, als seine Schwester Elisabeth seine Schriften in die Hand bekam: Sie machte aus ihm einen Vorläufer des Nazismus. Bergson konnte ruhig schriftlich festlegen, daß nach seinem Tod nichts Unveröffentlichtes erscheinen sollte – seine »treuesten« Schüler, zusammengeschlossen in der Zeitschrift *Etudes bergsoniennes*, beeilten sich, gegen diese Verfügung zu verstoßen.

6.

Wenn alles auf dem Wort beruht – das heißt auf der Anwesenheit des Philosophen –, sind auch die öffentlichen Auftritte des letzteren zu dosieren. »Lebe im Verborgenen«, riet Epikur. Pythagoras hatte beschlossen, sich so selten wie möglich zu zeigen. Fünf Jahre lang waren seine Schüler nur Hörer und bekamen ihn nie zu Gesicht, wenn sie dessen nicht für würdig erachtet wurden. Von diesem Moment an wurden sie Angehörige seines Hauses und durften vor ihn hintreten. Pythagoras im Fernsehen? Ja, aber nur im Gegenlicht.

7.

Im März 1820 eröffnet Schopenhauer eine Vorlesung an der Berliner Universität mit der gewaltigen Ankündigung: »Arthur Schopenhauer wird die gesamte Philosophie, d.i. die Lehre vom Wesen der Welt und dem menschlichen Geiste vortragen.« Während sich zweihundert Personen in der Vorlesung Hegels drängeln, sieht Schopenhauer sein Auditorium von Woche zu Woche wegschmelzen. Im zweiten Semester des Jahres 1820 ist er gezwungen, seinen Unterricht mangels Publikum auszusetzen.

1825 dann ein neuer Lehrversuch, wieder ein Mißerfolg. 1827 ersucht er um eine Stelle an der Universität Würzburg in Bayern, dann in Heidelberg. Niemand will ihn haben. Sein Buch, *Die Welt als Wille und Vorstellung*, 1819 erschienen, ist ein Reinfall. Im Alter von dreiundsechzig Jahren wird er plötzlich berühmt mit seinen *Parerga und Paralipomena*. Ein Rekord: gewöhnlich beginnt für einen Philosophen das Leben mit vierzig Jahren. Dreiundsechzig Jahre! Man kommt, ihn zu photographieren. Er liebt die Daguerreotypien, die man von ihm macht, und findet sich sehr schön darauf: »Dieses Porträt gibt meine Stirn und die Nase so vollkommen wieder, wie es bisher wohl noch nie erreicht wurde. Es ist unbezahlbar.« Der Menschenfeind, der er ist, scheut sich nicht, seine Photos mit Widmungen zu versehen, für Bildhauer zu posieren, in Frankfurt, wohin er sich zurückgezogen hat, Besucher aus ganz Europa zu empfangen, Interviews zu geben. Der Frauenfeind, der er ist, fühlt sich geschmeichelt, weibliche Bewunderer zu haben.

Dabei hatte er geschrieben: »Die Mysterien bei den Alten sind eine vortreffliche Erfindung, sofern sie auf dem Gedanken beruhen, aus dem großen Haufen der Menschen, welchen die ganze Wahrheit schlechterdings unzugänglich ist, einige auszuwählen, denen man die Wahrheit bis zu gewissen Grenzen mitteilt.« Schopenhauer glaubte, daß Mysterium und

Gedanke gut zusammenpassen, daß aber ein wenig Publizität dem Image nicht schaden kann.

XIX
Das Büchergrab

1.

Es gibt Philosophen – und gar nicht so wenige –, die nichts geschrieben haben (Sokrates, Epiktet). Heute schreibt ein Philosoph, der diesen Namen verdient, zwangsläufig Bücher. Besser noch: ein großer Philosoph schreibt große Bücher. Wehe ihm, wenn er sich mit kurzen Texten begnügt! Es wird heißen, er denke auch kurz. Ein leichtes Buch verrät notwendigerweise leichte Gedanken. Dagegen signalisiert ein schweres Buch Gedanken von Gewicht. Das Publikum will Gigantisches, Monumentalwerke, die raumfüllend sind. Um sie zu lesen? Zumindest um zu wissen, daß irgendwo die Wahrheit steht, entfaltet in Regalen, in Oktavformat zu mehreren Bänden gebunden, kilometerweise aneinandergereiht.

2.

Es ist eine moderne Krankheit: der Philosoph will ein Autor sein und leidet an Autorenkomplexen. Die Anerkennung vollzieht sich über das Buch. Man muß ein Œuvre hinterlassen, darf sich nicht verzetteln, muß das Gelände besetzen, muß sich ernst, gewissenhaft und technisch versiert geben, die Kritik einschüchtern, die ihrerseits das Publikum einschüchtert. Auf diese Weise erleben wir Spezialisten der Kurzstrecke, des Federstrichs, des Aphorismus, des Florettstoßes, die von der Ausdauer und der Kraft eines Preßlufthammers träumen. Nietzsche sagte mit Blick auf *Also sprach Zarathustra*: »Diesmal führe ich, als der Artillerist, mein großes Geschütz vor.« Und dennoch ist diese allegorische, hochtönende dicke Bertha sicherlich nicht sein bestes Werk. Der nonkonformistische Philosoph Wittgenstein war betrübt, weil er nur »kleine Rosinenstücke« schrieb. Dabei war er Wiener und dürfte gewußt haben, daß die größten Kuchen nicht zwangsläufig die besten sind.

3.

Ein Philosoph wird häufig durch seine kleinen, leichten, kurzen Bücher bekannt, seine schwächlichen Kinder, Arbeiten, auf die er nichts gewettet hätte. Schopenhauer erlebte den Ruhm nicht durch *Die Welt als Wille und Vorstellung*, sein großes Buch, sondern durch die kleinen *Parerga und Paralipomena*. Kant wurde berühmt mit seinen *Beobachtungen über das Gefühl des Schönen und Erhabenen*, nicht mit der *Kritik der reinen Vernunft*, über die einer seiner ehemaligen Schüler, der Philosoph Herder, sagte: »Ich finde, die *Kritik* ist ein schwerverdaulicher Brocken, nahezu unlesbar. Ich weiß nicht, wozu dieses ebenso schwergewichtige wie unklare Werk dienen soll.« Von Marx liest man das kleine *Manifest der Kommunistischen Partei* und andere brillante kleine Schriften. Aber das gigantische *Kapital*? ...

4.

Innerhalb eines Gesamtwerkes herrscht eine merkwürdige Arbeitsteilung. Die dicken Bücher sind die Garanten der kleinen. Man liest um so mehr die *Hefte, Anmerkungen, Konversationen* und andere kleine Werke von Wittgenstein, als man von der Existenz des eindrucksvollen *Tractatus logicophilosophicus* weiß – selbst wenn man letzteren nie gelesen hat. Von Sartre haben wir einerseits *Das Sein und das Nichts*, andererseits die Essays. Man verneigt sich vor dem ersten, doch man greift zu den zweiten. Die alte lateinische Lebensweisheit: »Man verehrt die großen Bücher, aber man liest die kleinen.«

5.

Der Reiz der kleinen Bücher liegt auf der Hand, und sie heißen »Manuale«, weil sie sich mit der Hand halten lassen. Stoiker und Epikureer waren Praktiker und als solche auch Spezialisten für dieses tragbare Wissen. Sie hatten Sinn für das Schlagwort, für die Formel. In der Gegend von Oinoanda in Lykien finden sich an der Wand einer zerstörten Villa, die einem Bürger des 2. Jahrhunderts nach Christus gehörte, immer noch Sprüche von Epikur eingraviert. Alle Vorübergehenden haben davon profitiert. Auf diese Weise konnte man sich in den Schatten Epikurs flüchten oder dagegen pinkeln, ganz nach Wahl. Kann man sich heute eine Plakatkampagne zu dem Thema »Die Existenz geht der Essenz voraus« vorstellen?

Die Philosophen der Antike wären heute glühende Anhänger des Kleincomputers. Die ausufernde Zunahme an Papier und Bibliotheken hätten sie beklagenswert gefunden. Ach, einen Epiktet per Diskette befragen zu können! In kurzen Abschnitten Maximen, Ratschläge und Zusammenfassungen lesen und nachlesen können … So kann man sich Dinge einprägen. Die antiken Schriftsteller schrieben stets dünne Bücher. Zum Glück haben wir das »Taschenbuch«. Wir verdanken es den Franken, denen Bücher ziemlich einerlei waren, die aber – Geniestreich! – die Tasche im Kleidungsstück erfunden haben. Die Römer kannten nur die Falte der Toga, ein unzureichendes Behältnis. Allerdings hatten sie zum Ausgleich die gewaltigen Windungen ihres Gedächtnisses.

6.

Die stoische *meditatio* ist kein Denken ohne Ende und ohne Maß, sondern eine geordnete geistige Übung, zeitlich begrenzt und übrigens mit lauter Stimme phrasiert. Wenn man den Text, um den es geht, nicht gleich versteht, macht man sich am nächsten Tag wieder daran. Und vielleicht auch am übernächsten Tag. Man braucht Zeit. Genau das empfiehlt Descartes für die Lektüre seiner *Metaphysischen Meditationen*. Sie sind nicht dazu geschaffen, in einem Tag gelesen zu werden. Ruhen lassen ... wiederaufnehmen ... wenig und langsam lesen ... Keine Bulimie! Nicht an Lesestoff ersticken.

7.

Man vergißt Texte, die nicht für die Ewigkeit geschrieben wurden, aber man verewigt Texte, die Unsterblichkeit nicht verdienen. Niccolo Machiavelli hätte nicht einen Dukaten auf den Erfolg seines *Fürsten* gewettet, jenes Büchleins, das bei seinem Erscheinen im Jahre 1513 keinerlei Echo fand. Ruhm versprach er sich von seiner Poesie, seinen Fabeln, seinen Erzählungen und vor allem seinen Komödien. Statt der *Betrachtungen über die ersten zehn Bücher des Titus Livius*, seines wahren philosophischen Werkes, machte ihn *Der Fürst* berühmt. Ein leicht und lebendig geschriebenes Buch ... Aber welche Langeweile bei der Lektüre der ersten Kapitel über die verschiedenen Fürstentümer! Erst im 17. und 18. Kapitel stößt man endlich auf die berühmten Passagen, die unablässig zitiert werden, nach denen der Fürst Verschlagenheit und Stärke an den Tag legen muß – er ist Fuchs und Löwe. Gemeinplätze, die als Stärken des abendländischen Denkens angesehen werden, die den Erfolg von ausgewählten Lesestücken ausmachen und für jede Prüfungskommission ein Vergnügen sind.

Zwar wandte sich Machiavelli an die Medici, reiche Florentiner, die literarisch nicht sonderlich gebildet waren und denen er schmeichelte, indem er sie als Retter Italiens bezeichnete; aber warum hat sich die Nachwelt auf dieses Gelegenheitswerkchen gestürzt und aus gut formulierten Klauseln und Absätzen ein unvergängliches Meisterstück der Philosophie gemacht?

8.

Das Kapital bleibt das Vorbild eines Monumentalwerkes wie jene Heiligenstatuen, die man verehrt, aber vor allem nicht anrührt. Für Marx war es ein »gemeiner Schinken«, an den er zwanzig Jahre lang wie ein Galeerensträfling gefesselt war. Man mußte bis 1859 warten, ehe der Verleger Duncker die für 1846 versprochenen »ersten beiden Kapitel des auf drei Kapitel geplanten ersten Abschnitts eines auf vier Abschnitte geplanten ersten Bandes seines auf sechs Bücher geplanten Werkes, also nur um den Anfang des Anfangs« (Arnold Künzli dixit) erhielt. Als 1867 endlich der erste Band erscheint, wird er so frostig aufgenommen, daß Engels eigenhändig Kritiken unter verschiedenen Pseudonymen schreiben muß.

Denn das Buch wurde nicht gelesen, nicht einmal innerhalb der revolutionären Bewegung, wie eine Anekdote des sozialdemokratischen Führers Otto Wels bezeugt: »Als junger Mann fuhr ich mit August Bebel zum Jenaer Parteitag. Während der Bahnfahrt berichtete ich August, daß ich außerstande sei, *Das Kapital* zu verstehen. Ich hätte bereits ganz zu Beginn aufgehört zu lesen. ›Mach dir deshalb keine Sorgen, Otto‹, hatte August Bebel gesagt, ›ich habe auch nie weiter gelesen.‹« In gewisser Hinsicht war das Ziel von Marx und Engels trotzdem erreicht, denn letzterer schrieb 1851 an seinen Freund:

»Die Hauptsache ist, daß Du erst wieder mit einem dicken Buch vor dem Publikum debütierst.« Laut Jenny Marx hat ihr Mann absichtlich »noch viel historischen Stoff hinzugefügt (...), da die Deutschen nun einmal nur an dickleibige Bücher glauben«.

9.

In seinen Vorlesungen führte Kant niemals etwas aus, das einem persönlichen Gedanken gleichkam. Er schlug ein Lehrbuch auf und kommentierte es. Im übrigen hatte er keine Wahl. Er machte es wie alle Philosophieprofessoren seit dem Mittelalter: eine *lectio*, das heißt die kommentierte Vorlesung eines bestimmten Textes, eines »großen Klassikers« oder eines Schulbuchs mit Erläuterung der unklaren Stellen. Ein persönlicher Kommentar, die Suche nach einem originellen Gesichtspunkt hatten darin keinen Platz. Man lehrte Philosophie nicht, man »las« sie (auf englisch heißt »Vorlesung« *lecture* in Erinnerung an diese Praxis).

Aber wenn Kant nach den Vorlesungen seine Gäste bei sich empfing, fand er zum freien, persönlichen Wort zurück. Bei Tisch kommentierte er die Welt, die Gesellschaft. Er tat seine Meinung kund. Er gab seinen Freunden Lebenshilfe, setzte aber seine Ehre daran, sie nie mit seiner Analyse, seiner Dialektik, seinen synthetischen *a priori*-Urteilen usw. zu belästigen. Dann ist Philosophie nicht mehr für alle Gebildeten offen, sondern wird zu einem Fall für Spezialisten, für Lehrstühle, für Magister, für Schulen und Akademien (das heißt für Menschen).

Letztlich muß man, um Kantianer zu sein, weder Kants Vorlesungen gehört haben noch Gast an seiner Tafel gewesen sein.

Kein Bedarf, wie bei einem »Weisen« der Antike, nach Begegnung, Eindruck, Präsenz, Sprache, selbst indirekter, übertragener Sprache. Es genügt, Bücher zu kaufen und zu lesen. Dort ruhen, in schwarzen Buchstaben auf weißem Papier, die »Ideen«.

Kant oder die von der Schrift vereinnahmte Philosophie ... An diesem Punkt stehen wir heute noch.

10.

Sartre verriet, daß er seine philosophischen Schriften in einem Wurf verfaßte, ohne Streichungen, fast ohne nochmaliges Lesen, unbekümmert um den Stil: »Philosophisches schreibe ich, wie es mir in die Feder kommt. Es ist völlig unwichtig, ob es gut oder schlecht geschrieben ist. Es sind Ideen, also schreibe ich und lese nicht noch einmal nach. Ich überprüfe den Gedanken, aber nicht den Stil.« All seine Sorgfalt beim Schreiben verwandte er auf sein literarisches Werk, Romane, Theaterstücke, Novellen. Philosophisches schrieb er auf Deubel komm raus, wie ein Journalist einen Artikel ausspuckt. Schade! Nicht daß die Philosophie auf Eleganz und Federgewandtheit angewiesen wäre ... Aber sie braucht »Stil«, Form, wie ein Geschoß, das für ein ganz bestimmtes Ziel entworfen wurde. Ein Ziel, das heißt ein Publikum. Diese Aerodynamik der Worte ist nichts anderes als Rhetorik, dieser heute verbannte Ausdruck, ein Negativum (wie »Sophistik« oder »Zynismus«), ein Ausdruck, der rehabilitiert werden sollte, wenn es stimmt, daß Philosophie eine Sprache der Argumentation, nicht der Offenbarung ist, und stets auf ein bestimmtes Auditorium zugeschnitten. Manchmal wird sie in Prosa, manchmal in Versen geschrieben (siehe Lucretius). Mit seiner schlampigen Arbeitsweise vollzog Sartre die Trennung von Philosophie und Literatur nach, die seine Meister ihn gelehrt hatten und die dazu führte, daß jeder Philosoph, der wie Diderot, Valéry, Cioran das Pech hatte, stilvoll und mit nichtakademischer Feder zu schreiben, in die literarische Abteilung abgeschoben wurde.

11.

Es heißt, daß sich Krates zur Optimierung seiner Publikumsbeschimpfung in Athen darin übte, die Weltmeisterinnen dieses Genres, die Prostituierten, zu beleidigen. Denn die Philosophen hatten damals eine erheblich breitere Tonpalette: Dialog, Schmährede, Brief, Tagebuch, feierliche Rede, Gedicht, Allegorie, Manifest, Aphorismus ... und Schimpfwort! Die Schulphilosophie hat heutzutage nur noch drei Ausdrucksformen: den Besinnungsaufsatz, die Textanalyse und die Seminararbeit, Übungen, deren einziger Vorzug darin besteht, daß man sie leicht korrigieren und benoten kann. Stellen wir uns ein Abiturthema vor, das mit Aphorismen abzuhandeln wäre ... Und warum die mündliche Diplomprüfung nicht als Beleidigungstest? Im Aufzug der Kyniker, im Mantel, mit Quersack und Stock in der Hand und der Auflage für die Kandidaten, sich vor der Prüfung zwei Monate lang nicht mehr zu waschen, zu rasieren, zu kämmen und zu entlausen!

12.

Nietzsche blieb nach eigenem Eingeständnis von der gelehrten Unbildung seiner Universitätskollegen verschont, weil er schlecht sehen und deshalb nicht viel lesen konnte. Befreit von Bibliothek und Doktorarbeit! Blindheit als Beginn der Weisheit ... Keine Philosophie mehr lesen, um endlich zu philosophieren ... Denn wer sich in diese Bücher einschließt, der kann nach einer gewissen Zeit – ab einem gewissen Alter? – nicht mehr denken. Der versteckt sich hinter Barrikaden aus

Bucheinbänden, zitiert andere Bücher, um sich nicht selbst zu äußern, kämpft mit Hilfe von Referenzen, um nicht mit Hilfe von Argumenten kämpfen zu müssen, schreibt Biographien und vergißt, sein eigenes Leben zu leben, liest, um sich selbst aus dem Weg zu gehen ... Die Bibliotheken, diese Schatzkästlein der Stille, diese Oasen der kollektiven Einsamkeit, sind auch Stätten solcher Verstellungen und solchen Selbstbetrugs. Man muß wissen, wann man sie benutzt und wann man hinausgeht, nicht zu spät. Die Philosophen haben sich darin einsperren lassen, aus Bequemlichkeit oder Zerstreutheit. Der Bibliotheksschlüssel ist ihnen abhanden gekommen. Heraus mit ihnen, oder es ist ihr Tod!

Die Geheimnisse der Genies

Kurt R. Eissler:
Goethe
Eine psychoanalytische Studie
1775-1786
2 Bände / dtv 4457

»Die psychoanalytische Studie liest sich weithin wie eine ›normale‹ Biographie, nur daß ihr Scharfsinn, ihr Einfühlungsvermögen, ihre Genauigkeit und Materialfülle das normale Maß weit überschreiten.«
Thomas Anz

»Das wichtigste, klügste und resultatreichste psychologische Werk über Goethe.«
Peter von Matt

Kurt R. Eissler:
Leonardo da Vinci
Psychoanalytische Notizen zu einem Rätsel
2 Bände im Schuber
dtv 59026
Für dieses Buch erhielt der renommierte Psychoanalytiker den Sachbuchpreis der Süddeutschen Zeitung 1993.

»Anregend und profund zugleich, dazu in Abschnitten leicht zu lesen, geht diese Analyse Leonardos, eines der begabtesten und undurchdringlichsten Menschen überhaupt, weit über das Fachbuch hinaus.«
Günter Metken

Régine Pernoud im dtv

Foto: Irmeli Jung

Königin der Troubadoure
Eleonore von Aquitanien.
Ein lebendiges Bild aus dem Frankreich des Mittelalters: Leben und Zeit der schönen und klugen Königin von Frankreich.
dtv 30042

Herrscherin in bewegter Zeit
Blanca von Kastilien, Königin von Frankreich, Königin Blanche, die Enkelin der Eleonore von Aquitanien, lenkte die Geschicke ihres Landes mit sicherer Hand durch die Turbulenzen der ersten Hälfte des 13. Jahrhunderts.
dtv 30359

Heloise und Abaelard
Ein Frauenschicksal im Mittelalter. Die Liebes- und Lebensgeschichte des mittelalterlichen Philosophen, der Entscheidendes der Frau in seinem Schatten verdankte.
dtv 30394

Christine de Pizan
Das Leben einer außergewöhnlichen Frau und Schriftstellerin. Vor dem Hintergrund des ausgehenden Mittelalters erzählt Régine Pernoud das Leben der französischen Schriftstellerin, die als erste Feministin in die Geschichte eingegangen ist.
dtv 30086

Die Heiligen im Mittelalter
Frauen und Männer, die ein Jahrtausend prägten.
Mit einem Kapitel über die deutschen Heiligen im Mittelalter von Klaus Herbers. Leben, Wirken und Leiden jener Frauen und Männer des Mittelalters, die als Heilige bis heute verehrt werden.
dtv 30441

Lebendiges Mittelalter

Joachim Bumke:
Höfische Kultur
Literatur und Gesellschaft im hohen Mittelalter
dtv 4442

Umberto Eco:
Kunst und Schönheit im Mittelalter
dtv 4603

Heinrich Fichtenau:
Lebensordnungen des 10. Jahrhunderts
Studien über Denkart und Existenz im einstigen Karolingerreich
dtv 4577

Karl August Fink:
Papsttum und Kirche im abendländischen Mittelalter
dtv 4619

Ferdinand Gregorovius:
Geschichte der Stadt Rom im Mittelalter
Vollständige Ausgabe in 7 Bänden
Herausgegeben von Waldemar Kampf
dtv 5960

Karl Jordan:
Heinrich der Löwe
dtv 4601

Ernst H. Kantorowicz:
Die zwei Körper des Königs
dtv 4465

Lebendiges Mittelalter
Ein Lesebuch
Hrsg. v. Brigitte Hellmann
dtv 4669

Richard Kieckhefer:
Magie im Mittelalter
dtv 4651

Jacques Le Goff:
Die Intellektuellen im Mittelalter
dtv 4581

Norbert Ohler:
Reisen im Mittelalter
dtv 30057
Sterben und Tod im Mittelalter
dtv 30383

Pierre Riché:
Die Karolinger
dtv 4559

Steven Runciman:
Geschichte der Kreuzzüge
dtv 4670

Ferdinand Seibt:
Karl IV.
Ein Kaiser in Europa
dtv 4641

Karl-Ferdinand Werner:
Die Ursprünge Frankreichs bis zum Jahr 1000
dtv 4653